Sommaire

Les histoires racontées dans ce livre

Les histoires racontées dans ce livre ont pour la plupart été imaginées par des auteurs inconnus. Elles ont traversé les âges, colportées par les conteurs ambulants et les griots comme des graines emportées par le vent par-delà les mers. Elles ont été transformées, actualisées, modifiées, « polies à la manière de pierres précieuses » par le talent de chaque conteur. On les retrouve aujourd'hui dans des films, sur Internet, sur les réseaux sociaux et, bien sûr, dans ce livre… Ces histoires appartiennent à l'humanité. Elles constituent des enseignements fondamentaux pour être heureux. Elles m'ont moi-même beaucoup inspiré, et si j'ai choisi de les mettre en forme et de les rassembler, c'est pour te les transmettre. Il t'appartient maintenant de les raconter pour devenir à ton tour un sage ou un poète…

Pourquoi avoir écrit ce livre ?

Sur le chemin de la vie, je croise de nombreuses personnes. Autour de moi, il y a mes proches et les gens que j'aime. Étant sensible, je perçois chez ces personnes quand elles rencontrent des problèmes ou qu'elles ne vont pas bien. Cela me touche et cela me fait souffrir moi aussi. Alors je veux les aider. Je veux qu'elles soient heureuses.

En grandissant et en vieillissant, je me suis aperçu à quel point il était difficile d'aider et de parler des sujets importants avec les gens qu'on aime. On manque de temps, on ne trouve pas les mots, on n'a pas les solutions ; et puis ils ne sont pas toujours prêts à entendre. Ils pensent qu'on veut les changer, les dominer, les diriger.

Que tu sois parent, mari ou femme, frère ou sœur, je suis certain qu'un jour ou l'autre tu as été confronté à cette situation. L'un de tes proches souffrait, prenait de mauvaises décisions, s'enfermait dans des attitudes négatives. Tu as voulu l'aider. Tu étais sincère. Mais il a refusé de t'écouter. Il a refusé tes conseils.

J'ai écrit ce livre pour être un messager, le messager de ceux qui veulent aider leurs proches, mais qui ne trouvent pas les mots, le temps ou les solutions pour le faire. Au lieu que tu essayes de convaincre des personnes dans la même situation, ou que tu les conseilles, je te propose de leur offrir ce livre. Quand elles seront prêtes, elles le liront et seront éclairées.

Ce livre est un cadeau, à se faire à soi-même ou à une personne que l'on aime.

Une question avant de commencer

Peux-tu donner le nom des trois animaux qui te viennent immédiatement à l'esprit ? Note-les dans un coin de ton esprit.

Ce que j'aimerais te dire

Je t'aime et j'ai pour toi une profonde affection. Cela veut dire que chaque fois que tu n'es pas bien, je ne suis pas bien ; chaque fois que tu rencontres un problème, je rencontre un problème ; chaque fois que tu es devant une difficulté, je suis face à une difficulté. Ta situation me touche et j'ai sincèrement envie de te voir heureux et épanoui dans ta vie.

Chaque fois que cela se produit, j'aimerais t'aider à aller mieux, à trouver une solution, à résoudre une difficulté. Souvent je suis tenté de te donner des conseils, mais je n'ose pas. J'ai peur de me tromper, de te blesser ou d'outrepasser mon rôle. Je me dis que peut-être tu veux juste être écouté.

Il arrive aussi que je manque de temps, d'énergie ou d'idées. Il y a tellement de choses qui se passent dans ta vie, des choses si compliquées, qu'il est difficile pour un seul être humain de prétendre savoir toutes les résoudre. Comment faire quand il s'agit de problèmes insolubles comme la séparation, la tristesse ou la mort d'un être cher ? Comment faire ?

J'ai un profond respect pour toi et tu comptes énormément pour moi. Comme je ne veux pas m'immiscer dans ta vie, m'occuper de sujets dont tu ne voudrais pas que je m'occupe, j'ai décidé de t'offrir ce livre. Il a été écrit par quelqu'un de profondément bon, qui s'est inspiré des plus grands sages de l'histoire de l'humanité pour l'écrire.

Ne te sens pas obligé de le lire tout de suite. Attends patiemment ce jour où tu penseras qu'un éclairage extérieur pourrait t'être utile. Ce jour où tu considéreras que les autres possèdent, par leur expérience ou leur connaissance, un savoir qui peut t'aider, alors ce jour-là seulement, prends ce livre et lis-le. J'espère qu'il te sera utile et qu'il t'inspirera.

Je te souhaite d'être heureux dans ta vie et épanoui. Je te souhaite d'être libre et de réaliser tes rêves. Dans ce livre se cache sans doute un ou deux moyens d'y parvenir, quelques histoires pour t'éclairer, quelques adages pour te faire réfléchir et t'aider. Ce livre est une petite brique de plus dans la construction de ton moi.

À très bientôt dans la « vraie vie » pour partager des moments d'échanges et de sourires.

Être perdu dans sa vie

Lorsque je t'ai vu, tu semblais chercher quelque chose. Tu avais l'air perdu, te posant des questions et procrastinant. Tu n'osais plus. Voilà ce que j'aurais aimé te dire, moi qui vois en toi tout ce que tu peux apporter aux autres et au monde… J'aurais sans doute commencé par te parler du sens de la vie.

Chaque être humain a un destin. L'homme ou la femme qui n'agit plus et qui est envahi de questions est en fait en quête de sa propre destinée. Il est comme le papillon à l'état de chrysalide, en transformation. Il recherche son destin au-delà de l'héritage qu'il a reçu, de ce que ses parents ou la société veulent faire de lui. Il le cherche au-delà de ses peurs, de ses freins et de ses lourdeurs. Il cherche à faire émerger du fond de son cœur l'étoile qu'il jettera ensuite dans le ciel pour guider son chemin. Toi aussi, tu as une mission fondamentale à accomplir. Cette mission doit donner sens à tout ce que tu fais dans ta vie. Les personnes qui connaissent leur mission ont confiance en eux. Elles agissent. Elles ont à l'intérieur d'eux, comme une colonne vertébrale qui soutient tout ce qu'ils entreprennent. Et rien ne peut les faire plier ou les détourner de leur but. Car elles connaissent la raison qui les a fait naître et celle qui justifie leur passage sur cette terre. Elles connaissent le sens de leur vie.

Dans un lointain pays, une femme se promenait sur une plage déserte au coucher du soleil. Peu à peu, elle distingua la silhouette d'une jeune fille à l'horizon. Elle se rapprocha et remarqua alors que la jeune fille ne cessait de se pencher pour ramasser quelque chose qu'elle rejetait aussitôt dans la mer.
Inlassablement, elle se penchait, ramassait quelque chose sur le sable et le lançait ensuite dans l'océan. En se rapprochant encore, la femme remarqua que la jeune fille ramassait en fait les étoiles de mer que la marée montante avait rejetées sur la plage et, une par une, les relançait dans l'eau.
La femme était intriguée. Elle aborda la jeune fille et lui dit:
— Bonjour, je peux te poser une question? Je t'observe depuis tout à l'heure et je m'interrogeais sur ce que tu es en train de faire.
— Je rejette les étoiles de mer dans la mer. C'est la marée basse, vous comprenez, et toutes ces étoiles de mer se sont échouées sur la plage. Si je ne les remets pas dans l'océan, elles vont mourir, répondit la jeune fille.
La femme lui jeta un regard perplexe avant d'ajouter:
— Mais il doit y avoir des milliers d'étoiles de mer sur cette plage immense. Tu ne pourras pas toutes les sauver. Il y en a trop. Et il faut que tu te rendes compte que le même phénomène est en train de se produire sur d'autres plages partout dans ton pays. Ne vois-tu pas que tu ne peux rien changer au destin de ces étoiles de mer?

La jeune fille sourit. Elle se pencha de nouveau et ramassa une autre étoile de mer. Elle la remit à l'eau et ajouta :
— Ça change tout pour celle-là !

Si tu connais le sens de ta vie, tu auras une grande confiance dans ce que tu fais. Aucun de tes actes ne te semblera jamais inutile. Tu sauras ce que tu dois faire et pourquoi tu as choisi de le faire. Et parce que tu auras choisi de le faire, tu vivras en harmonie avec toi-même et avec le monde qui t'entoure. Les personnes qui connaissent le sens de leur vie n'ont pas peur des difficultés ou des échecs. Car elles se focalisent sur leur objectif et chacune de leurs actions leur semble nécessaire et utile. Elles ont foi en elles-mêmes.

***« Dans un univers passablement absurde,
il y a quelque chose qui n'est pas absurde,
c'est ce que l'on peut faire pour les autres. »***

André Malraux

Pour trouver le sens de ta vie, si tu es d'accord pour réaliser cet exercice, tu dois te poser quatre questions :

- La première question est : quelles sont les valeurs qui guident ma vie ?
- La deuxième question est : de quoi ai-je besoin pour être heureux ?

• La troisième question est : quelle est ma personnalité profonde ?
• La quatrième question est : quels sont mes talents ?

Trouve la réponse à ces quatre questions et alors le sens de ta vie t'apparaîtra clairement. Tu sauras dans quel pays tu dois vivre, quel métier tu dois exercer, quelle personne tu dois épouser et quelles sont les actions que tu dois réaliser chaque jour pour être heureux et rendre tous les gens qui t'entourent heureux également. Ne sois pas trop impatient. Il faut souvent du temps pour trouver la réponse à chacune de ces questions. Une grande connaissance de soi est nécessaire.

« Connais-toi
toi-même. »

Socrate

En réalisant ce travail, j'ai découvert un jour que mes deux valeurs directrices sont la liberté et l'universalisme. Toutes mes actions sont faites pour me rendre plus libre chaque jour, tout en essayant de changer le monde en rendant les hommes et les femmes meilleurs. À partir de ce jour, j'ai su qui j'étais et quelle était ma destinée. J'ai ressenti un grand bonheur et une grande stabilité en moi.
Et toi ? Quelle est la valeur, « la volonté », qui donne du sens à chacune de tes actions chaque jour qui passe ? Est-ce la volonté :

• de diriger les autres comme un prince ?
• de jouir de l'instant présent comme un épicurien ?

• de devenir le meilleur dans un sport, un business ou un art comme un champion ?
• de changer le monde comme un prophète ?
• de perpétuer et de défendre des traditions comme un patriarche ?
• de vivre dans le respect des valeurs morales comme un honnête Homme ?
• de relever toujours de nouveaux défis comme un conquérant ?
• de vivre dans la sécurité comme un Homme paisible ?
• de faire le bien autour de toi en aidant les autres comme un sage ou un guérisseur ?
• de… ?

À toi de le découvrir…

« Quelle est la valeur des hommes ?
Ce qu'ils cherchent. »

Proverbe persan

Pour savoir de quoi tu as besoin pour être heureux, tu peux réaliser un exercice. Prends un grand vase et pose-le sur une table. Mets à côté de ce grand vase cinq gros cailloux, un bol empli de petits cailloux, une tasse emplie de sable et une cruche emplie d'eau. Les gros cailloux représentent ce qui est le plus important pour toi dans la vie, les petits cailloux ce qui répond à tes besoins mais de façon secondaire, le sable ce qui peut te procurer du plaisir mais qui est en fait sans importance, et l'eau ce qui est superflu.
Amuse-toi à remplir ce grand vase. Tu t'apercevras que si tu veux le remplir entièrement, tu dois absolument

commencer par y placer les gros cailloux, puis les petits cailloux, ensuite le sable et enfin l'eau. Si tu fais l'inverse, tu ne pourras pas remplir le vase.

• Quels sont tes gros cailloux à toi (ce qui est indispensable à ton bonheur) ?
• Quels sont tes petits cailloux (ce qui est utile à ton bonheur mais pas indispensable) ?
• Qu'est-ce qui est du sable dans ta vie (ce qui est superflu) ?
• Qu'est-ce qui est de l'eau (ce qui est inutile) ?

En répondant à ces quatre questions, tu sauras ce qui est réellement important pour toi et tu feras les bons choix pour ta vie future.

Maintenant que tu connais ce qui est réellement important pour toi, tu dois connaître ta personnalité profonde. Ta personnalité profonde est ce que tu es au fond de toi. Ta personnalité profonde est ce que tu étais avant que le monde ne t'apprenne à porter un masque. Ta personnalité profonde correspond à la manière dont tu penserais et dont tu te comporterais, si tu pouvais faire tout ce que tu as envie et comme tu en as envie. Alors tu vivrais en harmonie avec le monde.
En connaissant ta personnalité profonde, tu peux connaître le pays où tu dois vivre, le métier que tu dois exercer, la personne que tu dois épouser et bien d'autres choses encore. Tu es alors en mesure de faire les bons choix. Tu ne fais plus des choix pour plaire aux autres,

pour être aimé ou apprécié des autres, ou pour éviter qu'ils te critiquent. Tu fais les choses parce qu'elles sont bonnes pour toi, parce qu'elles te procurent du plaisir et du bien-être et qu'elles sont cohérentes avec ton moi intérieur.

« Il y a des visages plus beaux
que le masque qui les couvre. »
Jean-Jacques Rousseau

La dernière chose que tu dois découvrir, ce sont tes dons. Les dons sont tes talents. Tout le monde a un don qu'il lui revient de découvrir. Certains sont doués pour le dessin, d'autres pour la musique, d'autres pour bricoler, d'autres pour organiser, d'autres pour bavarder, etc. Un don se cache très souvent derrière un défaut. Tes dons te rendent singulier et unique. Si tu as un gros défaut, c'est sans doute là ta plus grande qualité. Reste à trouver ce que tu peux en faire pour aider les autres et te rendre utile.
Tes dons sont faits pour créer quelque chose qui sera offert aux autres. Ainsi tu ne feras que redonner aux autres êtres humains ce que la nature t'a donné dans une quantité abondante. Un bavard peut parler pendant des heures, un peintre dessiner pendant des heures, un organisateur ranger pendant des heures. Quand tu utilises tes dons, tu n'es jamais fatigué. Tu es inépuisable. Tu prends du plaisir à ce que tu fais et tu reçois en retour beaucoup de satisfaction à agir.

*« Le sens de la vie est de trouver votre don.
Le but de la vie est de le partager. »*

William Shakespeare

*« Le sens de la vie, c'est de trouver votre cadeau.
Le but de la vie est de le donner. »*

Pablo Picasso

Lorsque tu te connaîtras mieux toi-même, tu sauras quel est le sens que tu veux donner à ta vie. Tu connaîtras tes besoins fondamentaux et ta personnalité profonde ainsi que tes dons. Tu sauras à ce moment-là quelle est ta place dans le monde. Cette place est ce qui permet à ton être intérieur de vivre en harmonie avec ton environnement extérieur. Cette place est ce qui te permet d'atteindre le bonheur et la joie et, en même temps, de faire la joie et le bonheur des autres. Avoir trouvé cette place est une grande chance.

*« Quand je suis allé à l'école,
Ils m'ont demandé ce que je voulais être
quand je serai grand.
J'ai répondu : Heureux.
Ils m'ont dit que je n'avais pas compris la question,
J'ai répondu qu'ils n'avaient pas compris la vie. »*

John Lennon

Cette histoire se passe il y a très longtemps, à l'époque où l'on construisait de si grands édifices qu'une vie d'homme n'y suffisait pas. Afin que ces constructions pussent aboutir, un maître architecte fut nommé pour former les apprentis qui auraient la lourde tâche, une fois qu'il serait mort, de poursuivre la construction.
Le maître architecte, jugeant l'apprentissage de ses élèves presque terminé, les envoya dans les carrières afin d'évaluer leurs pratiques et leurs connaissances dans la taille des pierres et des moellons. Il les laissa travailler seuls pendant plusieurs semaines avant de leur rendre visite pour évaluer leurs capacités et leurs talents.
S'approchant de l'un d'eux, il dit: « Dis-moi, mon cher élève, qu'es-tu en train de faire ? » L'élève releva la tête et jeta un regard sombre en direction de son maître. Il semblait très mécontent de son sort et du difficile travail qu'il avait à effectuer: « Maître, vous savez bien que je taille durement des pierres toute la journée et que je suis un tailleur de pierre. »
Le maître poursuit son inspection et aperçoit un deuxième élève en train de tailler la pierre: « Dis-moi, mon cher élève, qu'es-tu en train de faire ? » L'apprenti se met debout et avec respect lui répond: « Maître, je m'applique chaque jour à tailler la pierre et à mettre en œuvre les enseignements que vous m'avez transmis. »
Le maître sourit… encouragea l'apprenti à poursuivre son travail et poursuivit son chemin. Soudain son regard fut attiré par un troisième apprenti. Celui-ci semblait extrêmement concentré sur sa tâche. Il semblait totalement absorbé par elle. S'approchant de lui, le maître vit l'élève qui, après avoir taillé sa pierre, la polissait avec amour.

> Il l'interrogea : « Dis-moi, mon cher élève, qu'es-tu en train de faire ? » L'élève se releva et levant la pierre devant lui, répondit, la voix vibrante d'émotion : « Maître, moi, je construis une cathédrale. »

Si tu es perdu dans ta vie, c'est que tu ne sais plus comment être utile. Demande-toi de quelle manière tu as envie d'être utile aux autres. Demande-toi quelle est cette cathédrale que tu es appelé à bâtir. Alors tu verras apparaître ta véritable vocation. Au-delà des épreuves, des efforts et des plaisirs qui sont ton quotidien, tu verras se former au loin – comme celui qui regarde les nuages dans le ciel – le dessin de ta vie. N'oublie pas. Tes actions et tes pensées sont le crayon avec lequel tu traces la forme de ta destinée.

Perdre un être cher

Hier, quand j'ai franchi ta porte, tu t'es jeté dans mes bras : tu venais de perdre un être cher. Tu étais empli de tristesse et tu pleurais. J'en ai été bouleversé et n'ai su trouver les mots. Voilà ce que j'aurais aimé te dire si j'avais pu faire plus que partager ton chagrin, si je n'avais pas eu moi-même la gorge si serrée que les mots n'arrivaient pas à sortir. J'aurais sans doute commencé par te raconter l'histoire de cet homme.

Dans un lointain pays, un homme et sa famille vivaient paisiblement de la culture de la terre. Le nom de cet homme était Jacques. La journée durant, au milieu des belles prairies qui s'étendaient à perte de vue autour de sa maison, Jacques cultivait la terre. Chaque jour, il remerciait le grand fleuve qui bordait sa maison de lui apporter l'eau pour arroser les céréales, les légumes et les fruits qui poussaient dans ses champs. Jacques vivait ainsi heureux, avec sa femme, sa fille et ses deux fils. Chaque année, à la fin de l'hiver, le fleuve entrait en crue. Il inondait une partie des champs situés sur ses berges. Les limons apportés par l'eau du fleuve venaient enrichir la terre. Mais une année, l'inondation fut beaucoup plus forte que d'habitude. L'eau monta jusqu'à la maison de Jacques, qui était pourtant située sur le flanc d'une col-

line. Jacques amena ses bêtes tout en haut de la colline pour qu'elles y soient en sécurité. Lui se refusa à quitter sa maison qu'il avait mis tant d'années à construire.
Mais l'eau continuait de monter. Il pleuvait toujours plus chaque jour. Bien que l'eau eût envahi le rez-de-chaussée, Jacques se refusait à quitter sa maison. Puis l'eau monta jusqu'au premier étage. Jacques se réfugia alors sur le toit de sa maison, d'où il contemplait ses champs noyés par les eaux, qui formaient maintenant un lac. Sa famille était partie. Jacques restait avec le plus fort de ses fils sur le toit de la maison, attendant que les eaux du fleuve ne s'en aillent.
Un soir, après un violent orage qui avait encore fait monter les eaux du fleuve, un voisin vint le chercher avec sa barque, juste avant que la maison soit engloutie. Jacques alla alors s'installer au sommet d'une colline où il avait gardé une petite grange. Il attendait toujours que l'eau redescende. Il essaya aussi de construire des digues et de pomper l'eau. Mais il n'y avait rien à faire. Il semblait que le fleuve ait changé de nature. En réalité, en amont du fleuve, un barrage qu'on ne pouvait reconstruire avait cédé.
Tous ses amis lui conseillaient d'abandonner la culture et de faire autre chose. Mais Jacques refusait, car il savait qu'il fallait être courageux dans la vie. « Tu as fait tout ce que tu pouvais, tu as lutté avec courage. Maintenant les choses ne dépendent plus de toi, lui disaient-ils. Tu dois maintenant accepter ce qui s'est passé. » Jacques, quand on lui disait cela, se mettait en colère. Il se repliait sur lui-même. Et quand il était seul, il pleurait d'avoir à jamais perdu cette belle maison et sa vie d'avant.

Finalement au bout de quelques mois, Jacques se fit une raison. Il comprit qu'il ne sert à rien de regretter ce qu'on avait perdu. Au lieu de pleurer ce qu'il avait perdu, il se remit au travail pour valoriser ce qui lui restait. Avec le plus fort de ses fils, il entreprit de reconstruire une autre maison. De temps à autre, il lui arrivait encore de se mettre en colère et de pleurer, mais c'était de moins en moins souvent. Avec le temps, il finit par accepter et par se concentrer de nouveau sur son avenir.
La colère qui le hantait l'abandonna.
La tristesse se dissipa.
La joie revint.
Il décida de partir pour faire un voyage, car cela faisait longtemps qu'il ne s'était pas réellement reposé. En chemin, il rencontra d'autres hommes qui vivaient au bord du fleuve et qui avaient eux aussi perdu leur maison. Ceux-là avaient pris le parti de poser des nasses dans le fleuve devenu lac pour attraper des poissons. Il trouva cette idée extraordinaire et, dès qu'il fut de retour chez lui, il partit avec le plus fort de ses fils poser des nasses. Le lendemain, ils mangèrent de délicieux poissons.
La vie de Jacques devint celle d'un pêcheur. À la fin de sa vie, il était devenu un homme respecté et aimé. Il avait appris à beaucoup de gens à poser des nasses et à attraper des poissons. Nombreux étaient les habitants de son pays qui se sentaient redevables à son égard, car c'était lui qui leur avait appris comment se nourrir et sauver leur famille de la famine qui les menaçait. Le jour de son enterrement, on érigea une stèle avec cette inscription: « Ici gît Jacques le pêcheur. »

Il existe des personnes qui ont connu la mort, mais qui en sont revenues. Leur cœur s'était arrêté, leur électro-encéphalogramme était plat, les médecins s'apprêtaient à abandonner, persuadés que tout était fini. Et puis soudain, elles ont pris une profonde inspiration. C'était comme si elles étaient descendues tout au fond de la mer, au-delà de ce qui est possible, qu'elles avaient pris appui sur le fond pour remonter à la surface. Tout avait alors repris vie en elles. Tout avait pu recommencer...
Les personnes qui ont vécu cette expérience racontent toutes la même histoire. Elles étaient en train de marcher dans un tunnel. Au fond de ce tunnel, il y avait une belle lumière. Des voix les appelaient doucement et les encourageaient. Elles ne ressentaient aucune douleur. Elles se sentaient très bien. Elles étaient comme libérées d'un poids, légères, soulagées, apaisées, sereines d'entrer dans la lumière... Et puis elles ont repris conscience. Elles ont recommencé à vivre. Mais différemment d'avant...

« On a deux vies, et la seconde commence quand on se rend compte qu'on n'en a qu'une. »

Confucius

Si je te raconte l'histoire de ces personnes qui ont connu la mort, c'est pour te dire que cette personne, que tu aimes profondément et que tu as perdue n'a pas souffert. Au moment de partir, elle a ressenti la même sensation que tous ceux qui ont fait le dernier voyage. Cette personne a rejoint la lumière au fond du tunnel. Elle était bien. Elle était en paix. Tout était simple. Elle était soulagée et libérée. Dans son monde à elle, il n'y avait plus ni difficultés, ni problèmes, ni douleurs. Il n'y avait que la paix.

Deux embryons se trouvaient dans l'utérus d'une femme enceinte. Le premier était un optimiste et le second un pessimiste. Le pessimiste prit la parole et dit: «Comment quelqu'un peut-il croire à la vie après l'accouchement?»
L'optimiste lui répondit: «Je suis certain qu'il y a une vie après l'accouchement. Notre passage dans le ventre de notre mère n'a d'autre sens que de nous préparer à la vie après l'accouchement. L'accouchement n'est pas la fin, mais une nouvelle naissance.»
Le pessimiste répondit: «Ce que tu dis est faux. Il ne peut exister de vie après l'accouchement. Quelle forme aurait une telle vie? Personne, de toute façon, n'est jamais revenu d'un accouchement pour raconter ce qui se passe après.»
L'optimiste ajouta: «Je suis certain que le monde qui nous attend après l'accouchement est un monde plein de lumière. Nous pourrons voir avec nos yeux, sentir avec notre nez, manger avec notre bouche et même courir avec nos jambes et...»
Le pessimiste objecta: «Ce que tu dis est ridicule. Ce sont des inventions. Comment pourrions-nous courir? Et manger avec notre bouche? Quelle en serait l'utilité alors que nous avons ce cordon ombilical qui nous nourrit et nous attache à notre monde.»
L'optimiste ajouta sans perdre espoir: «Ce doit être possible! La vie d'après est très différente. Nous allons découvrir des choses extraordinaires. Nous allons dé-

couvrir des capacités hors du commun et un monde merveilleux. »

Le pessimiste le contredit aussitôt: « Il faut te rendre à l'évidence. Avec l'accouchement finit la vie. Tel est notre destin d'embryon. Et après, il n'y a rien d'autre que le néant. Une fois que l'accouchement se sera produit, nous disparaîtrons. »

L'optimiste acquiesça: « Je suis d'accord avec toi au moins sur un point: nous ne savons pas ce qu'il y a après. Je suis certain qu'après l'accouchement, nous rencontrerons notre mère et qu'elle prendra soin de nous. »

Le pessimiste ricana: « Une mère? Tu crois à une mère? Mais qui est-elle? À quoi ressemble-t-elle? Et que fait-elle exactement pour nous? Tu es décidément plein d'imagination et d'idées farfelues. Tu devrais te montrer un peu plus raisonnable. »

L'optimiste renchérit: « Notre mère est partout autour de nous. Elle est cette paroi qui nous protège, ce cordon qui nous nourrit, cette chaleur qui nous réchauffe, cette eau dans laquelle flotte notre corps... Nous vivons en elle et par elle. Sans elle, nous n'existerions pas. »

Le pessimiste ricana de nouveau: « C'est le summum du délire! Je n'ai jamais vu de preuves de l'existence d'une quelconque mère. Cette mère dont tu parles est une invention de ton imagination pour te rassurer parce que tu as peur de l'accouchement. »

L'optimiste ajouta encore d'une voix claire: « Parfois, quand un calme bienfaisant apparaît, je peux l'entendre chanter. C'est comme une vibration qui vient tout autour de nous. Elle caresse notre monde. Alors, je sens sa présence et j'ai hâte de la rencontrer. »

*« Personne ne sait encore
si tout ne vit que pour mourir
ou ne meurt que pour renaître. »*

Marguerite Yourcenar

Chez les Hindous, à l'instant de la mort, l'esprit se sépare du corps. Si certains trouvent la porte de la libération, la plupart des âmes désirent retrouver un nouveau corps. L'esprit se réincarne. À travers ce processus, l'être vit des expériences qui lui permettent d'apprendre et d'évoluer spirituellement. Au terme de son évolution, il cesse de renaître. En fonction de la vie que l'on a vécue, de son karma, on se réincarne en bête, en pierre, en arbre ou en être humain. Une nouvelle vie commence alors.

Chez les Égyptiens, la mort était seulement un moment particulier de la vie qui était attendu et préparé pendant toute la vie. Ainsi, les Égyptiens préparaient dès leur plus jeune âge leur départ. Il leur fallait donc construire et décorer leur tombe, préparer les objets qu'ils emporteraient pour ne manquer de rien, faire des donations et prévoir l'argent nécessaire pour les prêtres. La vie entière sur la terre n'était perçue que comme un préparatif de la vie après la mort, la vie de l'âme immortelle. Avaient-ils raison de croire à cela ?

Chez les Amérindiens, on pensait que les hommes et les femmes avaient deux âmes. L'une qui était attachée au corps et l'autre qui pouvait quitter le corps pendant le sommeil, la maladie ou lors de transes. Lorsqu'un homme ou une femme mourait, son âme rejoignait immédiatement le monde des esprits. Les esprits restaient ensuite en contact avec les vivants. Ils pouvaient aussi s'attacher au corps des vivants. Une légende dit que ce fut aussi le destin du célèbre chanteur Jim Morrison.

> Pendant l'été 1949, Steve et Clara Morrison emmènent leurs enfants en vacances. Sur la route, ils rencontrent un camion renversé. Des Indiens blessés gisent sur la route. Jimmy, âgé de cinq ans, regarde fixement par la fenêtre et se met à sangloter : un vieux médecin indien, gisant sur le bord de la route, fixe Jimmy du regard, lui sourit et meurt. Des années plus tard, devenu une star du rock, Jimmy en parlera comme du « moment le plus important de sa vie ». Pour Jim Morrison, ce jour-là, l'âme du chamane mort pénétra son corps.

« Ils ne sont pas morts, ceux qui vivent dans les cœurs qu'ils laissent derrière eux. »

Proverbe amérindien

Je suis sûr que la personne que tu aimes et qui est aujourd'hui disparue s'est réincarnée. Peut-être est-elle devenue une jolie fleur que tu verras un jour au bord d'un chemin. Prends soin de t'arrêter et de t'émerveiller de sa beauté.
Peut-être est-elle devenue l'un de ces oiseaux qui chantent à ta fenêtre tôt le matin. Prends le temps de l'écouter chanter. Ou peut-être est-elle devenue cet arbre qui te donne de l'ombre quand il fait chaud l'été. Prends le temps de respirer son odeur et de t'endormir à son pied.

Sois attentif, car cette personne est là, j'en suis certain, quelque part autour de toi. Si tu éprouves un amour sincère pour elle, cela signifie que vous êtes liés. Je suis certain que tu croiseras son chemin. Tu sentiras sa présence et tu sauras alors qu'elle est là. Tu le sauras et ton cœur sera apaisé, car elle est devenue quelque chose de bon et de bien. C'est ainsi que les signes doivent t'indiquer la présence de ceux que tu as aimés, qui sont disparus, mais qui continuent de vivre avec les vivants sous une autre forme.

« Si tu aimes une fleur qui se trouve dans une étoile, c'est doux, la nuit, de regarder le ciel. »

Saint-Exupéry
« Le Petit Prince »

Il y a trois choses qui peuvent nous empêcher de faire le deuil d'un être cher. La première, ce sont les regrets. On peut regretter de ne pas avoir passé suffisamment de temps avec la personne disparue, de ne pas lui avoir dit quelque chose d'important à ses yeux, de ne pas l'avoir assez aidée. Cette personne est partie trop vite, nous n'avons pas eu le temps de dire, de faire, de penser... Maintenant que cette personne est disparue, on pense que c'est impossible. Alors il est très dur d'oublier.
Ferme les yeux. Pense très fort à cette personne que tu aimes et qui est partie. Souviens-toi de son visage, de son odeur, du son de sa voix, de sa présence... Et parle. Dis ce que tu aurais voulu lui dire. Fais ce que tu aurais aimé faire avec elle. Embrasse-la et prends-la dans tes bras. Vis ce que tu aurais aimé vivre avec cette personne.

N'aie pas peur d'entrer en relation avec l'invisible. Aie confiance et tu verras que les regrets se dissiperont, laissant place à la complétude.
La deuxième chose qui peut nous empêcher de faire le deuil de la perte d'un être cher, c'est la culpabilité. En a-t-on assez fait pour éviter le pire, pour le retenir, pour le protéger ? La culpabilité est une colère dirigée contre soi. Pour guérir de la culpabilité, il faut guérir de la colère. Pour guérir de la colère, il faut accepter que l'on ne soit en rien responsable de ce qui s'est passé. Nous n'avons pas le pouvoir de modifier le cours des événements. Nous n'avons pas le pouvoir de changer les choix qui ont été faits.
La troisième chose qui peut nous empêcher de faire notre deuil est le sentiment d'injustice. Lorsque nous sommes enfants, l'école, nos parents, la société nous enseignent que le monde est juste. Les adultes nous disent : si tu te comportes bien, tu seras récompensé ; mais si tu fais le mal, tu seras puni. Et nous croyons que cette loi s'applique aussi à la nature et à la vie. Nous croyons que les innocents auront le droit au bonheur et qu'ils seront épargnés par la mort, la maladie et le chagrin.
Or, cela n'est pas vrai. La nature ne sait pas ce qu'est la justice. Elle est ignorante de la loi des Hommes. Dans la vie, les innocents connaissent autant la peine que les coupables. Pour guérir de la perte d'un être cher, pour faire son deuil, il faut d'abord renoncer à l'idée de justice. Il faut d'abord regarder le monde tel qu'il est. Et ensuite lui pardonner de ne pas être plus juste, de ne pas respecter l'ordre qu'on voudrait qu'il suive. Lui pardonner pour accepter de continuer à vivre en son sein.

Le moment est venu. Il te faut détourner le regard. Les vivants t'appellent. Ils ont besoin de ton attention. Ils réclament ton soutien, ton courage, ton énergie... Va-prendre soin d'eux pour un petit moment et sois patient. La fin inacceptable se dissipera bientôt dans ta propre fin. La vie passe vite. Tu retrouveras bientôt ceux que tu as chéris. Nul besoin d'être pressé. La chose est certaine. Tu peux être serein. Car après la vie, tu les reverras. Ils ne t'ont jamais dit adieu, juste au revoir.

« La nuit n'est jamais complète.
Il y a toujours, puisque je le dis,
Puisque je l'affirme,
Au bout du chagrin
Une fenêtre ouverte, une fenêtre éclairée
Il y a toujours un rêve qui veille,
Désir à combler,
Faim à satisfaire,
Un cœur généreux,
Une main tendue, une main ouverte,
Des yeux attentifs,
Une vie, la vie à se partager. »

Paul Éluard
« La nuit n'est jamais complète »

Un jour, alors que j'étais dans la peine, un ami m'a raconté qu'il n'était jamais triste quand des personnes s'en allaient.
« Comment ? », lui demandais-je, étonné. Il me répondit alors que les personnes disparues continuaient de vivre dans son cœur. Pour les revoir, les écouter et leur parler, il lui suffisait de fermer les yeux et de ressentir leur présence. Alors, comme par magie, les voilà qui surgissaient. Il passait un petit moment avec ces personnes, à converser ou juste sans rien dire pour simplement profiter de leur présence.
Peut-être que toi aussi tu peux fermer les yeux et que tu peux penser à cette personne qui a disparu et que tu aimes. Peut-être que tu peux chercher sa présence dans ton cœur. Sans doute que tu peux encore ressentir l'amour que tu lui portes et qu'elle te porte. Écoute, ressens, regarde. Les yeux fermés, concentré sur ta respiration, descends au plus profond de toi-même et alors tu trouveras cet être que tu croyais disparu et qui, en fait, continue à vivre dans ton cœur et partout autour de toi.

« Que la force me soit donnée de supporter ce qui ne peut être changé et le courage de changer ce qui peut l'être mais aussi la sagesse de distinguer l'un de l'autre. »

Marc Aurèle

Tu as le droit d'être triste. Tu as le droit de vouloir être seul et de pleurer. Ce que j'aimerais te dire, c'est que je pense très fort à toi. Si tu as besoin, appelle-moi. Je viendrai te rendre visite. On pourra parler, se changer les idées, boire un café ou même ne rien faire. On passera un moment ensemble et on rira et on pleurera. Lorsque le fardeau est trop lourd, il faut se mettre à plusieurs pour le porter. Tes fardeaux, je veux bien t'aider à les porter. Ce que j'aimerais te dire, c'est que je suis avec toi.

Ne voir que ses défauts

Lors de notre dernière rencontre, tu m'as beaucoup parlé de tes défauts. J'ai eu le sentiment que tu avais perdu confiance en toi. En rentrant chez moi, je m'en suis voulu de ne pas avoir trouvé les mots qui auraient pu te réconforter. Voilà ce que j'aurais aimé te dire, pour te faire voir tout ce qu'il y a de merveilleux et d'unique en toi. J'aurais sans doute commencé par te raconter cette histoire inspirante.

En Inde, un porteur d'eau tenait sur ses épaules une tige de bois où étaient suspendues de chaque côté deux grandes jarres. L'une d'elles, fêlée, perdait à chaque voyage la moitié de sa précieuse cargaison. L'autre, en parfait état, conservait toute son eau de source jusqu'à la demeure du maître. Ainsi, la jarre parfaite bombait le torse, parvenant chaque jour à remplir sa fonction sans faille. La jarre défectueuse, elle, était déprimée de n'accomplir que la moitié de son labeur.
Au bout de deux ans, la jarre endommagée s'adressa au porteur d'eau alors que celui-ci la remplissait à la source. «Je me sens coupable et je te prie de m'excuser», dit-elle. «Pour quelle raison devrais-tu t'excuser ?», demanda le

porteur d'eau, étonné. Surprise, la jarre réagit: « Pendant ces deux ans, c'est ma faute si, malgré tous tes efforts, tu ne livres, à la fin de chaque voyage, que la moitié de mon eau à notre maître. Tu n'obtiens pas la pleine reconnaissance de tes efforts. »

Touché par tant d'attention, le porteur d'eau répondit à cette confession: « Eh bien, pendant que nous retournons à la maison du maître, je veux qu'aujourd'hui tu sois plus attentif et regardes la végétation qui borde le chemin. » Au fur et à mesure de leur montée, la jarre abîmée, émerveillée, vit de magnifiques fleurs tout le long du chemin. Pourtant, à la fin du parcours, elle se sentait toujours aussi mal parce que, une fois de plus, elle avait encore perdu la moitié de son eau.

Arrivé chez le maître, le porteur d'eau dit à la jarre: « Alors, t'es-tu rendu compte qu'il n'y avait de belles fleurs que de TON côté, et pratiquement aucune du côté de la jarre parfaite ? J'ai toujours su que tu perdais de l'eau et j'en ai tiré mon parti. De ton côté du chemin, j'ai planté des semences de fleurs, car je savais que, chaque jour, elles seraient arrosées. Pendant deux ans, j'ai pu, grâce à toi, cueillir des fleurs qui ont décoré la table du maître. Sans toi, jamais je n'aurais pu trouver des fleurs aussi magnifiques et gracieuses. »

À San Francisco, il y a sur une colline une rue qu'on appelle Lombard Street. Cette rue est la seule dans toute la ville à faire des virages. Dans les villes américaines, les rues sont droites et rectangulaires. En Europe, c'est l'inverse, les rues sont tortueuses. Cette rue avec tous ses virages est une rue étrange. C'est un défaut ! Mais du coup, elle attire les touristes venus de tous les États-Unis, qui s'étonnent et s'émerveillent de cette bizarrerie. Cette rue est une attraction et j'aimerais un jour la descendre avec toi.

Un beau matin de printemps, un fermier et son fils emmenèrent leur âne au marché pour le vendre. Le père et son fils marchaient, et l'âne les suivait. À peine avaient-ils fait quelques pas qu'ils rencontrèrent un groupe de filles marchant dans la direction opposée.
— Regardez-les ! s'exclama une des filles en montrant le fermier du doigt. Qu'ils sont idiots ! Ils vont à pied alors qu'ils pourraient monter sur leur âne !
Entendant cela, le vieil homme dit tranquillement à son fils de monter sur de l'âne, puis ils continuèrent leur chemin en direction du marché...
Ils passèrent devant un groupe d'hommes assis sur le côté de la route et le fermier entendit un des hommes dire :
— Les jeunes n'ont plus aucun respect pour leurs vieux parents de nos jours. Faites donc descendre ce garçon paresseux pour reposer les jambes de son père !
Le fils descendit alors d'un bond et son père prit sa place...
Bientôt, ils croisèrent des femmes avec leurs enfants.
— Regardez cet homme cruel ! s'écrièrent-elles ! Il marche si rapidement que le pauvre garçon peut à peine le suivre !
Le fermier s'arrêta alors et souleva le garçon pour le mettre derrière lui...

Ils continuèrent leur chemin et étaient presque arrivés au marché quand un commerçant les arrêta.
— Est-ce votre âne? demanda-t-il.
— Oui! répondit le fermier.
— Eh bien je suis choqué de la façon dont vous le traitez, ajouta le commerçant. Deux personnes à l'arrière d'un âne, c'est trop! Il va sûrement mourir de cette façon. Vous devriez plutôt le porter!
Suite à ce conseil, le fermier et son fils descendirent de l'âne, lièrent ses pattes et le portèrent accrochés à une poutre de bois. Mais l'âne refusa d'être ainsi porté et, se débattant, il cassa la corde qui entravait ses pattes puis tomba dans une rivière près de la route et se noya. Le fermier n'ayant rien pu faire pour le sauver, ils retournèrent bredouilles à la maison.

Lorsque je t'observe, je vois beaucoup de qualités. Il y a des tas de choses merveilleuses en toi. Si j'apprécie ta présence, si j'aime te voir et t'entendre et te sentir auprès de moi, c'est parce que je trouve que tu es une belle personne. Je vois tant de choses positives que je me dis que tu mérites d'avoir une belle vie, de faire de belles rencontres et d'être heureux. Je le pense profondément et je voulais donc te le dire, même si, habituellement, je ne trouve pas mes mots.
Lorsque je t'observe, je vois en toi plein de potentialités, de possibilités. L'avenir est devant toi et je me dis qu'avec tout ce que tu possèdes comme connaissances, tu pourrais faire des tas de choses géniales. Je sais que tu as des rêves. Je suis convaincu que tu peux les réaliser.

Car tu as les qualités et la force intérieure nécessaires pour le faire. Ce n'est qu'une question d'attention et d'intention. Regarde juste au bon endroit et tu verras que tu peux y arriver. Ose désirer le meilleur pour toi et il adviendra.

J'ai entendu parler d'un enfant qu'on disait « attardé ». Il passait des heures dans ses pensées et avait pris du retard pour apprendre à lire et à écrire. Ses camarades se moquaient de lui, ses professeurs ne savaient que faire, ses parents étaient morts d'inquiétude. Cet enfant s'appelait Albert Einstein ! Ce chercheur émérite, prix Nobel de physique, a permis de nombreuses avancées technologiques qui sont encore aujourd'hui utilisées pour le bien de l'humanité. L'idiot s'est révélé être un génie !

Peut-être souffres-tu de tes « imperfections physiques ». L'apparence physique est une partie de soi très importante. La sociologie et l'histoire sont sur ce sujet particulièrement éclairantes. Sais-tu qu'en Thaïlande, en Corée ou à Taïwan, les hommes qui ont un nez proéminent sont considérés comme très attirants. Sais-tu que, dans certains pays, les femmes exhibent leur pilosité, tandis que dans d'autres on admire leurs rondeurs. Dans chaque culture, les défauts et les qualités sont évalués à l'aune de critères qui leur sont propres.
Je crois qu'on peut dire qu'une caractéristique ne devient une qualité ou un défaut qu'en fonction du contexte.

Peut-être que si tu ne vois que des imperfections en toi, c'est que tu n'es pas dans le bon contexte. Là où tu es, ce que tu es n'est pas naturellement valorisé. Mais il te suffit de changer de contexte, d'aller au bon endroit, de côtoyer les bonnes personnes. Essaye d'imaginer dans quel endroit ou avec quelle personne tous tes défauts pourraient se changer en qualités comme par magie !

Beaucoup de gens pensent qu'il faut être parfait pour être aimé. C'est méconnaître la psychologie que de penser cela. Il y a eu beaucoup d'études scientifiques qui ont été menées et qui démontrent le contraire. En fait, les gens aiment les gens qui ont à la fois des qualités et des défauts. Il faut les deux.
C'est comme un équilibre. Trop de défauts et cela rebute. Trop de qualités et cela effraie. La perfection est effrayante ! Un bon mélange des deux, voilà ce qu'il faut. C'est ce qui rend humain.
Repense à tes meilleures vacances. Je suis certain que celles dont tu te souviens le plus sont justement celles qui t'ont offert les meilleurs moments d'amitié, de découvertes et d'aventures et en même temps les pires galères. Les pires galères sont les imperfections de ces moments de ta vie. Ce sont elles, qui par effet de contraste, frappent ta mémoire comme une pièce de monnaie. Les vacances, les personnes, les endroits... on se souvient de ce qui est à la fois tellement parfait et tellement imparfait.
Et maintenant, je vais te raconter l'histoire du « K ».

Stefano est un jeune garçon. Très tôt dans sa vie, il se retrouve victime de ce qu'il croit être une malédiction. Il est poursuivi par un monstre marin aux allures de squale géant. Ce squale géant a pour nom « le K». Toute sa vie, Stefano cherche naturellement à fuir ce monstre, en restant le plus loin possible du rivage. Mais en vieillissant, il se sent comme appelé par la mer. Il devient alors marin et parcourt le monde sur son bateau. En bateau, il fuit « le K» comme la pire des malédictions. Alors qu'il est sur le point de mourir de vieillesse, las de fuir, Stefano choisit finalement d'aller à la rencontre de son destin et d'affronter « le K». Il découvre un poisson vieux et fatigué lui aussi, qui en réalité ne lui voulait aucun mal. S'il le poursuivait, c'est parce qu'il avait pour mission de lui transmettre un message. Il était chargé de lui remettre une perle magique susceptible de lui assurer réussite, richesse et bonheur durant toute sa vie. Stefano s'aperçoit alors qu'il a refusé son destin jusqu'au crépuscule de sa vie*.

Ce que tu vois comme des défauts en toi, n'est-ce pas « le K », ce grand squale terrifiant ? Tes défauts ne sont-ils pas des signes ? Est-ce qu'il ne faut pas que tu t'en serves pour mieux réussir et mieux t'épanouir ailleurs ? Le désordonné ne devrait-il pas accepter qu'en lui sommeille

* Ce texte est librement inspiré du livre *Le «K»* (1966).

un artiste ? Le bavard ne devrait-il pas accepter qu'il soit en réalité un grand communicant ? Et le râleur, que sa colère soit destinée à lui faire changer le monde en combattant les injustices ?
En réalité, tes défauts sont les signes de ta singularité. Tu ne devrais pas chercher à te conformer à ce qu'on attend de toi, mais plutôt à être ce que tu es réellement. Tes défauts sont comme les étoiles dans le ciel qui guident le capitaine d'un bateau. Ce sont eux qui doivent te guider, car c'est en eux que se cache une part insoupçonnée du potentiel de ton être. Même les pires défauts, tu peux en faire quelque chose d'extraordinaire. Affirme-les. N'aie jamais peur des critiques.

Chaque être humain a sa place dans le monde.

- Le désordonné crée des œuvres d'art.
- Le râleur change le monde.
- Le timide écoute.
- Le paresseux améliore les processus.
- Le fou innove.
- Le conservateur préserve.
- Le grand aide le petit et le petit aide le grand.

- Si quelqu'un voulait frôler la perfection, il devrait passer à côté de toi !
- Si la perfection n'existe pas sur terre, alors sur quelle planète vis-tu ?

- La perfection existe sur terre, tu en es la preuve vivante !
- Tu as beau essayer, tu n'arrives pas à être autre chose que génial !
- Ton visage est parfaitement symétrique, comme un croquis de Léonard de Vinci.
- Tu apportes de la lumière à ma vie.
- Avec toi, on ne s'ennuie jamais.
- Tu es le sucre de mes corn-flakes !
- Tu as plus de charme que Brad Pitt et Angelina Jolie réunis.

Qu'est ce qui fait 999 fois « TIC » et 1 fois « TOC » ? Écoute tes 999 pattes qui font « TIC » au lieu d'écouter celle qui fait « TOC ».

Il faut se révolter contre ceux qui veulent nous faire entrer dans des cases. Ceux qui te critiquent sont dans l'erreur. Ce sont juste des gens dont l'esprit est trop étroit pour accepter la différence et l'humanité. Leur esprit ressemble à ces petits bureaux carrés qu'on trouve dans les couloirs sans fin des grandes administrations en ex-URSS. Les mêmes bureaux, de la même taille, tous gris et sans intérêt. Voilà ce que leur esprit parfait nous promet, un monde sans éclat, sans couleur, sans fantaisie. Bien sûr, certains de tes défauts peuvent malgré tout te faire souffrir. Dans ce cas, sans doute faut-il juste avoir de la compassion envers toi-même. Parle-toi comme tu parlerais à un ami qui te confierait sa douleur. Parle-toi

comme quelqu'un qui te veut du bien, avec douceur et empathie. Tes mots doivent être comme des caresses qui apaisent ton cœur tourmenté, comme le souffle tiède de la mère sur le genou écorché de son enfant. Sois capable d'autant de compassion envers toi-même qu'envers la chair de ta chair.
Vois tes défauts comme l'occasion d'un progrès, comme une invitation à te développer. Une critique peut être positive. En te piquant, elle te fait réagir. Et celui qui t'a piqué, quelque qu'ait pu être son intention, bonne ou mauvaise, t'a en fait rendu service. Il t'a amené à te remettre en question, à t'interroger, à partir en quête d'une nouvelle version de toi-même. Cette quête t'a mis en mouvement et, en te faisant entrer en mouvement, elle t'a rendu plus vivant. Remercie donc tous les critiques de ne point te laisser immobile.

« Celui qui reconnaît consciemment ses limites est le plus proche de la perfection. »

Goethe

Ce que j'aurais aimé te dire simplement, en fait, c'est que je t'aime. Je t'aime, et donc peu importent tes qualités et tes défauts, car je t'aime tel que tu es. Je ne veux pas que tu changes. Tu peux changer si tu le désires. Je veux juste que tu sois bien, que tu sois heureux et épanoui. Car chaque fois que tu es joyeux, je le suis aussi. Chaque fois que tu ris, je ris aussi. Chaque fois que je te vois rayonner et sourire, je rayonne et je souris. Tu fais partie de ceux qui m'inspirent.

Je suis moi-même plein de défauts et d'imperfections. Je ne suis pas toujours à l'écoute, suffisamment présent, drôle ou compréhensif. Je ne suis pas aussi beau que je le pourrais, aussi sympathique et amusant que je le devrais. Quelquefois je me comporte même comme un vrai idiot. Je suis une imperfection dans ta vie. Je suis un défaut. Mais si tu veux bien m'accepter quand même, alors j'en serais heureux. Tu pourras m'apprendre à m'améliorer et je t'en serai reconnaissant.

Avoir envie d'abandonner

Lorsque je t'ai vu, tu étais fatigué. Tu faisais face à de nombreux problèmes et tu avais le sentiment de ne pas y arriver. Tu avais envie d'abandonner. Voilà ce que j'aurais aimé te dire, pour réveiller la foi, le feu et la force qui vivent en toi. J'aurais sans doute commencé par te raconter cette histoire.

Il était une fois deux grenouilles qui étaient tombées dans une jatte de crème. La crème était trop épaisse pour qu'elles puissent y nager et elles ne pouvaient pas en sortir à cause des rebords trop hauts de la jatte. Au bout de quelques minutes, elles étaient épuisées à force de se débattre pour essayer de s'extirper de ce mauvais pas. Elles avaient de plus en plus de difficultés à remonter à la surface et à reprendre leur souffle. Elles allaient se noyer.

L'une d'elles dit: «Je n'ai plus de force. Nous ne réussirons jamais à nous en sortir. Je vais mourir. Je ne vois pas pourquoi je continuerais à me débattre puisque de toute façon, nous sommes condamnées à mourir dans cette jatte.»

Ayant dit cela, elle cessa de se débattre et disparut, engloutie par l'épais liquide blanc.
L'autre grenouille, plus obstinée, se dit: « C'est impossible ! Il n'existe aucun moyen de s'en sortir. Pourtant, bien que la mort soit proche, je lutterai jusqu'à mon dernier souffle. Je refuse de mourir ainsi sans rien faire. »
Elle continua à s'agiter au même endroit, sans avancer, pendant des heures et des heures. Puis soudain, à force de battre des cuisses, de s'agiter et de se débattre, la crème se transforma en beurre.
Surprise, la grenouille fit un bond et, patinant, arriva au bord de la jatte. De là, elle rentra chez elle en coassant joyeusement.

Lorsque tu te bats pour résoudre une difficulté ou dépasser un obstacle, tes actions te semblent vaines. Mais il n'en est rien. Tu ne vois pas que chaque action que tu mènes est comme une graine que tu plantes. Parmi ces actions, certaines donneront des résultats importants dans quelque temps. C'est juste que tu ne le vois pas. Car tu es concentré sur le problème à résoudre. C'est que les graines n'ont pas encore eu le temps de germer, de pousser et de donner de beaux fruits.

Un jeune capitaine avait décidé de faire un long voyage. Il voulait rejoindre l'Amérique, car il avait entendu dire que, dans ce pays, on pouvait faire fortune. Tout le monde disait: l'Amérique est le pays où tout est possible ! Il vendit donc tout ce qu'il possédait. Avec cet argent, il acheta un bateau et loua un équipage. Nous étions au mois de juin et l'époque était propice aux longues traversées. Par un bel après-midi ensoleillé, il prit la mer, certain d'atteindre les côtes américaines en moins de trois semaines.

La première semaine se passa comme il l'avait imaginée. Le bateau était rapide, l'équipage efficace et motivé, le temps clément. Poussé par un vent puissant, le bateau filait toutes voiles dehors vers l'Amérique. Mais le septième jour, le temps changea. Il se trouvait à une dizaine de miles des Caraïbes lorsque le ciel devint subitement aussi noir que la nuit. Le vent se leva, puis de violente bourrasque commencèrent à souffler. Une lourde pluie se mit à tomber sur le pont. Un éclair fendit le ciel.

En quelques minutes, le vent devint si fort qu'il déchira les voiles comme de simples feuilles de papier. Un éclair brisa le mât. Les vagues devinrent si hautes qu'elles passèrent par-dessus le bastingage et engloutirent tous les marins dans un cri étouffé. Au bout de quelques heures d'un combat acharné contre les forces de la nature, il ne restait plus que le jeune capitaine accroché à la barre du bateau qui dérivait dans la tempête, ballotté par les flots comme un minuscule morceau de bois.

C'est alors qu'une gigantesque vague s'abattit sur le pont, brisant le navire par la moitié. Il fut englouti en une seconde. Quand le jeune capitaine revint à lui, il était seul au milieu de l'océan en colère, encore accroché à la barre du bateau qui flottait et le portait à la cime des vagues. La tempête dura encore longtemps: plusieurs heures ou plusieurs jours, le jeune capitaine ne saurait le dire. Il s'accrocha avec l'énergie du désespoir à ce

morceau de bois qui le maintenait à la surface et le gardait en vie. Et puis la tempête disparut comme elle était venue. Le soleil brillait haut dans le ciel bleu. La mer était d'huile.
Le jeune capitaine regarda autour de lui. Il était seul au milieu d'un immense désert d'eau salée infesté de requins. À ce moment-là, il se sut perdu. Aucun navire ne passait par là, car il avait préféré prendre une route peu connue pour gagner du temps. Il n'avait rien à boire et rien à manger. Il avait beau tourner dans sa tête toutes les possibilités, il se savait condamné à la mort. Aussi se posa-t-il cette question : dois-je continuer à nager, à résister à la fatigue, à la faim et à la soif, ou dois-je me résigner à mon sort et me laisser mourir ?
Alors qu'il s'interrogeait ainsi, il regarda de nouveau autour de lui. Il n'y avait que de l'eau. Sauf... Ses yeux se plissèrent. Il lui semblait apercevoir au loin un point sombre. Il se frotta les yeux, croyant rêver. Mais non, il y avait bien quelque chose au loin qui semblait flotter sur l'eau. Un bateau, un récif, une île ou un mirage... Cet endroit se trouvait à plusieurs dizaines de kilomètres, une distance infranchissable pour un homme dans son état de fatigue. Le jeune capitaine ne réfléchit pas. Il sentait en lui les forces revenir. Il pensa à l'Amérique, à ce rêve puissant qui lui avait fait abandonner une vie tranquille pour partir à l'aventure et découvrir le monde. Il s'agrippa à la barre qui flottait et se mit à nager en direction du mystérieux point noir. Il avait peu de chances d'y parvenir mais il avait une chance ! Il devait y arriver. Il avançait très lentement. Le jour, le soleil lui brûlait le visage, la nuit il était tétanisé de froid. Il avait mal partout, mais la douleur lui importait peu, car maintenant

il avait un objectif. Il était tenaillé par la soif et la faim qui le faisaient horriblement souffrir. Heureusement au bout du deuxième jour, il plut. Grâce à un récipient qu'il avait récupéré près du naufrage, il put boire un peu.
Il nagea ainsi pendant trois jours et trois nuits. Au bout de tout ce temps, il parvint sur la plage d'une île. Épuisé, il s'allongea sur le sable. Il ne pouvait quasiment plus bouger mais il était vivant. Un indigène passait alors par là et alla prévenir les autres membres de son village qui s'empressèrent de venir voir l'étranger. On lui donna à boire et à manger. On le soigna. Et quand il fut enfin remis de cette terrible épreuve, il se construisit un radeau et reprit son voyage. Quelques jours plus tard, il arriva dans la baie de New York où il fit fortune et réalisa ses rêves. Maintenant plus rien ne pouvait l'arrêter.

Pour recouvrer des forces, tu dois te souvenir de ton but. Tu as un but dans ta vie. Tu veux la santé, le bonheur, la gloire, la fortune, la liberté… ou tout à la fois. Peu importe ton but en réalité. Ferme les yeux. Concentre-toi. Visualise ton but. Visualise-le très concrètement. Si tu veux devenir riche, imagine-toi assis sur un tas d'or. Si tu veux retrouver un emploi, imagine-toi te rendant à ton nouveau travail. Si tu veux trouver l'amour, image-toi avec la femme ou l'homme de ta vie en train de te promener main dans la main.
Tu dois visualiser ton but et le placer clairement au centre de ton esprit. Une fois qu'il est au centre de ton esprit, tu dois l'éclairer avec toute la lumière de ton âme et de ton cœur. Maintenant, si tu penses à ton but, rien ne

peut plus te détourner de lui. Ton esprit et ton corps sont comme une tête chercheuse. Tu n'as plus rien à faire qu'à vivre normalement, car tu vas agir sans t'en apercevoir de façon que ton rêve se réalise. Tu avanceras toujours dans la bonne direction.
Et si tu veux, tu peux même te fabriquer un tableau de visualisation pour cela : découpe un grand morceau de carton et amuse-toi à coller dessus des images, des dessins, des citations, etc., qui correspondent à tes buts. Place ce tableau dans un endroit où tu pourras l'admirer tous les jours. Et tous les jours, tu te souviendras de tes objectifs et des moyens que tu veux te donner pour y parvenir… Ce tableau t'insufflera de la force et de la persévérance pour t'accrocher à tes buts. Il te donnera la force de réussir.

« Vous êtes fatigués.
On n'est pas fatigués.
Olé !
Vous êtes fatigués.
On n'est pas fatigués.
Les filles sont fatiguées.
On n'est pas fatiguées.
Les mecs sont fatigués.
On n'est pas fatigués. »

Chanson populaire

Lorsque l'on veut changer son état intérieur, il existe une technique qu'on appelle la PNL (Programmation neurolinguistique). Cette technique consiste à communiquer

avec son être intérieur pour changer son état intérieur. La PNL nous apprend que nous sommes maître de ce que nous pensons et de ce que nous éprouvons. Si tu en as envie, tu peux donc changer d'états intérieurs, aussi facilement que tu changerais de vêtements. Tu peux passer de la tristesse à la joie, du désespoir à la combativité. Si tu es fatigué, que tu as envie de baisser les bras et que tu veux retrouver cette flamme qui t'habite habituellement, rappelle-toi un jour où tu étais plein de courage, un moment de ta vie où ta détermination était sans faille. Ce jour-là, souviens-toi, rien ne pouvait t'arrêter. On aurait dit que tu avais mangé du lion ! Souviens-toi de quel âge tu avais. Souviens-toi de qui tu étais. Souviens-toi de ce que tu voyais, de ce que tu entendais, de ce que tu ressentais à l'intérieur de toi.
Si tu te concentres, si tu cherches et que tu trouves ce souvenir, alors tout à coup tu vas sentir la force de ce souvenir venir dans ton présent. Tu vas sentir le courage, la force et la détermination revenir en toi. Et tu vas reprendre le combat, car rien ne peut te terrasser. Tu es invincible ! Concentre-toi, souviens-toi, laisse les émotions du passé t'envahir de nouveau. Laisse le passé revenir dans ton présent et te transformer. Tu sens la force qui revient en toi. Car tu es un guerrier de la lumière.

***« Qu'est-ce qu'un guerrier de la lumière ?
C'est celui qui est capable de comprendre le miracle
de la vie, de lutter jusqu'au bout pour ce en quoi
il croit, et d'entendre les cloches
que la mer fait retentir dans ses profondeurs.***

Le guerrier de la lumière croit.
Parce qu'il croit aux miracles,
les miracles commencent à se produire. »

Paulo Coelho,
« Manuel du guerrier de la lumière »

« Excuse-moi… Je suis un baiser qui s'est perdu…
Est-ce que je peux me reposer sur ta joue ? »

Anonyme

Si tu n'as plus de force, c'est peut-être que ton but est trop difficile à atteindre seul. Demande de l'aide à tes amis, ta famille, tes collègues, des inconnus… Les êtres humains sont doués d'empathie et ils sont naturellement portés à aider leur prochain. Il suffit de leur demander. Il suffit d'être humble, d'accepter de ne pas avoir la force d'y arriver tout seul. Le jour où tu oseras demander, tu te sentiras soulagé. N'oublie jamais cette devise qui peut t'aider dans les moments difficiles : un pour tous et tous pour un !

« Lorsque deux forces sont jointes,
leur efficacité est double. »

Isaac Newton

« Tout ce qui ne me tue pas
me rend plus fort. »

Friedrich Nietzsche

« La plupart des choses importantes dans le monde ont été accomplies par des personnes qui ont continué à essayer quand il semblait n'y avoir aucun espoir. »

Dale Carnegie

Les chamanes d'Amazonie racontent que chaque homme, chaque femme, possède un animal totem. Cet animal vit en nous. C'est lui qui nous donne l'énergie et la force de vivre et de survivre. Lorsqu'une personne tombe malade ou rencontre une difficulté, le chamane organise une cérémonie pour mettre en contact l'âme de cette personne avec son animal totem : le cheval, le léopard, le serpent, etc. En se reconnectant avec son animal totem, la personne recouvre sa force et son courage.
Et toi, quel est ton animal totem ? Est-ce le tigre qui possède l'agilité, l'aigle qui peut voir de très loin, le cheval qui peut parcourir de très longues distances, le chameau qui peut rester plusieurs semaines sans manger et sans boire une goutte d'eau... ?
Cherche en toi quel est ton animal totem. C'est l'animal auquel tu ressembles naturellement. Si tu y réfléchis, il t'apparaîtra en une seconde. Laisse ton intuition te guider et t'aider à te reconnecter aux forces profondes qui sommeillent en toi.

« Lutte corps à corps,
de retour dans la rue
J'ai pris mon temps,
j'ai tenté ma chance

J'ai parcouru la distance
Maintenant je suis de nouveau sur pied
Juste un homme et sa volonté de survivre
Tant de fois, ça arrive trop vite
Tu troques ta passion pour la gloire
Ne perds pas le contrôle
pour des rêves du passé
Tu dois te battre simplement
pour les maintenir réels. »

Survivor,
« The Eye of Tiger »

Trois hommes avaient pour rêve d'escalader le plus haut sommet du monde. Aussi se rendirent-ils dans l'Himalaya, au pied du mont Everest. Ils étaient parfaitement préparés, extrêmement bien entraînés, équipés du matériel le plus moderne et accompagnés des meilleurs sherpas. Les trois hommes étaient excités à l'idée de réaliser leur rêve. Ils commencèrent à monter avec un sentiment d'allégresse vers le sommet blanc de neige qui se dessinait clairement dans le ciel bleu.
Les premiers jours se passèrent très bien. Il faisait un temps splendide et ils n'étaient pas à une altitude très élevée. Lorsqu'on gravit l'Everest, les difficultés augmentent à mesure que l'on approche du sommet, car l'oxygène se raréfie, la température descend et le vent forcit. Au bout du septième jour, ils parvinrent à un camp d'altitude situé à seulement mille mètres du sommet.

Ils pressentaient, malgré la fatigue, qu'ils allaient réaliser leur rêve. Leur cœur était empli d'espoir et de courage. Le lendemain, à l'aube, ils commencèrent l'ascension. Tout allait bien mais, vers midi, le vent du nord se leva. À cette altitude, le vent était glacial. Plus les trois hommes montaient, plus cela devenait difficile. L'un d'eux, le plus prudent, proposa de redescendre, ce qu'accepta le deuxième homme, moins prudent de nature, mais qui pressentait une forte tempête. Le premier homme, qui voulait réussir le jour même, déclina leur proposition et poursuivit son chemin dans le vent et la neige.
Les deux hommes redescendirent au camp et attendirent la fin de la tempête, qui fut terrible. Deux jours plus tard, le beau temps était revenu. Ils reprirent donc leur ascension. C'était leur dernière chance de réussir, car la saison pour escalader l'Everest se terminait le lendemain. Ensuite débutait la saison des pluies, qui rendait l'ascension impossible. Ils commencèrent leur ascension normalement, mais aux alentours de midi, le vent du nord se leva et un brouillard épais tomba sur la montagne.
Le troisième homme, le plus prudent, proposa à son compagnon de redescendre. Cette fois, ce dernier, voyant son rêve lui échapper, déclina la proposition. Et il poursuivit son chemin dans le brouillard, pendant que le troisième homme redescendait dans la vallée, le cœur triste, car il savait qu'il ne pourrait pas tenter de gravir cette montagne avant longtemps. C'était un très long voyage qui coûtait très cher et il n'avait pas beaucoup d'argent.
Aussi il rentra dans son pays. Il travailla dur et économisa. Cinq longues années passèrent avant qu'il revienne sur

les pentes de l'Himalaya. Il n'avait pas abandonné son rêve. L'ascension fut difficile, car il était plus âgé et avait moins de forces qu'avant, mais aidé par son sherpa, il parvint jusqu'au point où il s'était arrêté cinq ans plus tôt. Le lendemain on annonçait une tempête et il eut peur de devoir, une fois encore, redescendre, mais lorsqu'il se leva à l'aube, il faisait très beau.
Il grimpa pendant une centaine de mètres et tomba sur un premier cadavre. Il s'agissait de l'un des hommes qui l'avaient accompagné lors de sa première ascension. Il était mort de froid. Il monta encore et tomba sur le cadavre du deuxième homme, mort de froid lui aussi. Cette vision le fit réfléchir. Quand il atteignit le sommet et réalisa enfin son rêve, il se dit : « Si les difficultés deviennent trop grandes, apprends à patienter. Si elles augmentent encore, apprends à renoncer. Mais n'abandonne jamais ton rêve, car un jour il se réalisera ! »

*« Nous ne savons renoncer à rien.
Nous ne savons qu'échanger
une chose contre une autre. »*

Sigmund Freud

Quand tu es fatigué, que tu perds courage, viens me voir et je t'aiderai du mieux que je pourrais. Je pourrais aussi t'aider à voir s'il faut persévérer, attendre ou renoncer à un projet qui est trop compliqué ou trop difficile. Mais comme je suis convaincu qu'il faut réaliser ses rêves, je t'encouragerai aussi à continuer à espérer et à agir pour les réaliser. J'ai tellement hâte de voir ton visage s'illuminer de joie lorsque tu réaliseras ce que tu veux réaliser, que je suis prêt à faire beaucoup pour t'aider.

« Il faut toujours viser la lune,
car même en cas d'échec
on atterrit dans les étoiles. »

Oscar Wilde

Top 3 des personnes les plus persévérantes du monde :

- L'empereur
- Sa femme
- Le petit prince…

« Lundi matin,
l'empereur, sa femme et le petit prince
sont venus chez moi pour me serrer la pince.
Comme j'étais parti,
Le petit prince a dit :
puisque c'est ainsi, nous reviendrons mardi.
Mardi matin,
l'empereur, sa femme et le petit prince, etc. »

Chanson pour enfants

Avoir mal

La dernière fois que nous nous sommes vus, tu souffrais terriblement. La douleur ne te quittait plus au point que tu avais le sentiment qu'elle serait toujours là. Voilà ce que j'aurais aimé te dire... pour te soulager... pour que tu sois bien et en bonne santé. J'aurais sans doute commencé par te raconter cette histoire salée.

Une grand-mère qui était lasse d'entendre son petit-fils se plaindre sans cesse lui demanda un jour d'aller chercher du sel. Quand il fut revenu du supermarché, la grand-mère lui demanda de mélanger une grande cuillère de sel dans un verre d'eau et de boire le mélange.
« Quel goût cela a-t-il ? » demanda-t-elle.
« C'est salé », répondit son petit-fils, en faisant une grimace.
La grand-mère rit de bon cœur et demanda à son petit-fils de verser la même quantité de sel dans le lac voisin.
« Maintenant, bois de l'eau du lac », demanda-t-elle.
Le petit-fils obtempéra et but une gorgée de l'eau pure du lac de la montagne. Sa grand-mère l'interrogea de nouveau : « Quel goût cela a-t-il ? »
« L'eau est fraîche et elle a le goût de la neige », répondit-il en faisant un grand sourire.
« As-tu senti le goût du sel ? », demanda sa grand-mère.

« Non », répondit le petit-fils.
La grand-mère prit place à côté de son petit-fils et lui expliqua sur un ton plein d'une grande compassion : « La douleur que l'on éprouve est représentée par le sel. La quantité de douleur reste exactement la même. Cela dit, son degré dépend du « récipient » dans lequel tu places ta douleur. Aussi lorsque tu as mal, la seule chose que tu puisses faire est d'élargir ta perception des choses. Cesse d'être un verre. Deviens un lac. »

L'insensibilité congénitale à la douleur est une maladie génétique rare. Elle a souvent des conséquences très graves. Cette maladie se traduit par la perte du sens de la douleur sous toutes ses formes et sur toutes les parties du corps. La personne conserve le sens du toucher, mais elle est incapable de distinguer ce qui fait mal de ce qui ne fait pas mal. Ella peut par exemple distinguer le chaud du froid mais ne peut pas savoir à partir de quel moment elle se brûle. Cela pose évidemment des problèmes importants.
Cette maladie apparaît dès la petite enfance. Elle se traduit par de multiples traumatismes, car l'enfant ne se rend pas compte qu'il s'est fait mal. Il peut se brûler, se cogner, s'écorcher sans ressentir aucune douleur. Cette maladie peut donc être très dangereuse, car les enfants peuvent se blesser gravement sans s'en rendre compte. Elle se traduit généralement par une mort prématurée, non pas à cause de la maladie en elle-même, mais du fait des traumatismes qui en résultent.

La douleur est utile à ta vie. Elle te permet de détecter les dangers. Elle t'évite de te faire mal et d'abîmer ton corps. La douleur est ce qui t'empêche de te brûler, de sauter de trop haut, de courir trop vite, de taper dans un objet trop fort, etc. La douleur n'est pas un problème en soi. Elle t'aide à prendre les bonnes décisions et à agir correctement. Mais parfois ce mécanisme utile peut se détraquer. Dans ce cas, la douleur survient alors qu'aucune solution ne peut être trouvée. Tu as mal mais il semble n'exister aucun remède.

Un jeune garçon se regarda un jour dans le miroir. Il y découvrit un petit bouton blanc. Le premier jour, il n'y fit pas vraiment attention, mais le lendemain, le petit bouton blanc attira de nouveau son attention. Il lui semblait avoir grossi. Il n'en était pas certain mais il lui semblait que... Le jeune garçon était inquiet, car il devait se rendre à une fête organisée avec d'autres jeunes de son âge le samedi soir suivant, fête à laquelle se rendait une jeune fille dont il était tombé amoureux.

La nuit passa, et lorsqu'il se regarda dans la glace le jour d'après, cette fois il en était certain le bouton avait grossi. Il avait l'impression qu'on ne voyait que ce bouton au milieu de sa figure. Aussi décida-t-il de faire quelque chose. Il prit une lotion que sa mère possédait pour nettoyer la peau et se mit à frotter le bouton vigoureusement pour essayer de le faire disparaître. Quand il eut terminé, le bouton, loin d'avoir disparu, était entouré de rougeurs. Le garçon avait tellement frotté qu'il avait irrité sa peau.

La journée fut assez difficile. Chaque fois qu'il avait un moment de libre, le garçon en profitait pour se rendre aux toilettes et se regarder dans le miroir. Le bouton ne voulait pas disparaître, pas plus que les rougeurs. Vers midi, le garçon craqua et essaya de percer le bouton avec la pointe de ses ongles. Il appuya très fort dessus espérant faire sortir le liquide blanc qui était à l'intérieur. Mais le bouton ne cédait pas. Il devint encore plus blanc à l'intérieur et plus rouge autour. Il semblait gonfler à vue d'œil.
Arrivé chez lui le soir, il emprunta à ses parents le nécessaire de couture, prit une aiguille et perça le boutonau centre. Cette fois, victoire ! Le bouton se perça, laissant s'échapper unle liquide blanchâtre. Le jeune garçon alla se coucher serein. Mais le lendemain matin, lorsqu'il se présenta devant le miroir, la situation avait empiré. Non seulement le bouton était de nouveau blanc, mais en plus, à cause de l'aiguille sale, il s'était infecté. Il s'était élargi et la peau était inflammée tout autour. On ne voyait plus que le bouton au milieu de sa figure.
Le bouton empira. Le jeune garçon avait maintenant une infection. Le bouton était une plaie qui refusait de guérir. Il visita plusieurs médecins qui lui donnèrent des crèmes, des onguents, des antibiotiques. Certains tentèrent de le percer à leur tour. Mais tous ces gestes n'apportèrent aucune amélioration. La situation empira encore davantage, au point que le jeune garçon crut qu'il allait mourir à cause d'une infection du visage. Il avait maintenant peur d'être défiguré et de devenir terriblement laid.
Un jour, à bout, il se rendit de nouveau chez son médecin. Celui-ci était parti en vacances et le garçon eut

affaire à un remplaçant. Le médecin était jeune, mais très compétent. Quand il vit le bouton, il dit simplement: «Arrêtez de le toucher, pensez à autre chose et vous verrez qu'il guérira.» Le jeune garçon se retint d'y toucher, et au bout de sept jours, le bouton était totalement guéri. C'était lui qui, à force de toucher le bouton, avait provoqué et entretenu l'infection*.

La douleur n'est pas une réalité. Elle est une perception. Cette perception est composée de trois dimensions :

- La peur de la douleur : j'ai peur d'avoir mal.
- Le vécu de la douleur : j'ai mal.
- Le souvenir de la douleur : je me souviens du moment où j'ai eu mal.

Si tu détournes ton attention de la douleur, alors tu supprimeras deux de ces composantes : la peur de la douleur et le souvenir de la douleur. Ainsi tu peux obtenir un réel soulagement et même guérir parfois. Au contraire, si tu laisses la douleur occuper toute ton attention, alors tu ne feras plus que penser à ta douleur. Tu deviendras la douleur, et ta vie deviendra impossible. L'hypnose peut t'aider, si tu le désires, à élargir ta perception et à réduire la peur et le souvenir de la douleur. Essaie cette technique pour obtenir un soulagement.

* Je dois te faire cette confidence : ce garçon, c'est moi à l'âge de 23 ans.

— Docteur, je ne comprends pas ce qu'il m'arrive. Lorsque je touche mon cœur, ça me fait très mal. Quand je touche mon foie, ça me fait très mal aussi, et quand je touche mon ventre, j'ai encore plus mal. J'ai peur d'avoir un cancer généralisé. Pourriez-vous me donner votre diagnostic.
— Oui bien sûr : à mon avis, vous avez le doigt cassé !

Lorsque tu as mal, fais cet exercice. Commence par te concentrer sur ta douleur. Essaie de bien la ressentir. Il faut que tu portes toute ton attention sur ta douleur pour bien l'appréhender sous toutes ses facettes. Tu vas ainsi acquérir une connaissance de ta douleur. Une fois que cela sera fait, compare-la à quelque chose, comme un objet, un animal, un phénomène, etc. Essaie de la symboliser par quelque chose que tu connais et qui pourrait bien représenter cette douleur.
Peut-être que ta douleur est piquante comme la pointe d'une aiguille, ou qu'elle est brûlante comme le feu, ou qu'elle est semblable à des coups de marteau qu'on te porte sur les os pour les briser, ou comme une pince qui broie... Trouve quelque chose qui peut représenter ta douleur, qui peut la symboliser. Une fois que tu auras trouvé ce qui peut représenter ta douleur, tu vas pouvoir modifier la perception de ta douleur en modifiant la chose qui la représente, en jouant avec ton esprit.

- Fais-en sorte que l'aiguille s'émousse.

• Jette de l'eau sur le feu pour l'étouffer.
• Transforme le marteau de fer en marteau de mousse.
• Et la pince d'acier en morceau de caoutchouc.
• Imagine l'objet de la douleur qui s'éloigne, devient flou puis disparaît, etc.

En réalisant cet exercice, tu découvriras que tu as le pouvoir de modifier la perception de ta douleur. Tu as le pouvoir de faire varier l'intensité de cette perception. Peut-être que tu ne parviendras pas à la faire disparaître totalement du premier coup, mais l'essentiel, c'est que tu découvres ce pouvoir qui réside en toi et qui te permet de modifier les sensations et les perceptions, de réduire les douleurs et d'augmenter les joies par le simple exercice de la volonté et de l'esprit.

La douleur est un messager. Si tu as mal quelque part, écoute son message.

• Si tu as mal aux yeux, ferme les yeux.
• Si tu as mal au pied, cesse de marcher.
• Si tu as mal au foie, mange des fruits et des légumes.
• Si tu as la migraine, reste au calme à l'abri des bruits du monde et de la lumière.
• Si tu as mal au dos, pose le fardeau qui te fait ployer.

La douleur est très souvent le résultat d'un abus, d'un excès, d'un mauvais comportement répété. Avant que la douleur ne survienne, il y a eu des signes que tu n'as pas su écouter. Apprends à écouter ton corps, et tes douleurs disparaîtront avec le temps. Écoute ce que tu ressens. Ne fatigue pas inutilement certains organes. Considère ton corps avec douceur et respect. Il te le rendra en t'offrant des sensations agréables et voluptueuses. La santé et ses sensations merveilleuses seront ta récompense.

« Sois sage, ô ma douleur,
et tiens-toi plus tranquille ! »

Charles Baudelaire

L'alimentation est la cause de nombreuses souffrances dans ton corps. Si tu souffres, peut-être peux-tu essayer de changer quelque chose dans la quantité et la qualité de ce que tu manges. Les fruits et les légumes sont comme des médicaments. Ils peuvent t'aider à te soigner de bien des maux. À l'inverse, certains aliments, parce qu'ils sont trop gras, bourrés de sucre ou qu'ils ont subi trop de transformations, peuvent te rendre malade et se révéler être de vrais poisons. Essaie de changer ton alimentation.

Par exemple, on sait que le lait est une substance indigeste qui provoque de nombreux problèmes, comme des douleurs articulaires ou des rhumatismes. La consommation de certains produits laitiers fait également prendre des kilos, qui pèsent sur ton dos, tes genoux et tes hanches. Essaie d'arrêter de boire du lait et de manger des produits laitiers. Arrête-toi pendant quelques jours et observe si cela amène une amélioration.

Il y a bien encore d'autres aliments dont il faut se méfier et qui peuvent augmenter tes douleurs. Sois vigilant.

« Que l'aliment
soit ta première médecine. »

Hippocrate

À la douleur physique peut s'ajouter la douleur psychique : celle de la colère née du sentiment d'injustice. Qu'ai-je fait pour mériter de souffrir ainsi ? C'est vrai, la douleur est absurde et injuste. Mais la douleur est là. À quoi bon se mettre en colère ? À quoi bon en vouloir au monde entier et à soi-même de souffrir ? Cela ne fait qu'ajouter de la peine à la peine et te prive de l'énergie nécessaire pour faire face à la douleur. Il n'y a pas d'autres choix que de prendre place dans sa douleur et de s'y confronter.

« Ici-bas, la douleur à la douleur s'enchaîne.
Le jour succède au jour, et la peine à la peine. »

Alphonse de Lamartine

Rappelle-toi : les Hommes ont deux âmes. La première vit dans le corps. Elle est attachée à lui. Elle est le souffle qui l'anime. C'est comme une vibration. Quand tu es pleinement présent à toi-même, c'est cette âme que tu utilises et c'est par elle que tu perçois le monde. La seconde âme vit à l'extérieur du corps et tout autour de lui. Elle est libre et tel un oiseau, elle peut s'envoler vers d'autres mondes. Pendant que tu rêves, que tu penses ou que tu médites, c'est ta deuxième âme que tu utilises. Lorsque tu as mal, tu peux être tenté d'utiliser ta deuxième âme. Car elle te permet de fuir la douleur. Tu peux être tenté de prendre des médicaments ou de consommer de l'alcool, car ces substances nourrissent ta seconde âme et t'aident à vivre loin de ta douleur. Mais seule ta première âme peut t'aider à guérir. C'est en prenant place dans ton corps. C'est en te confrontant à ta douleur que tu réveilles en toi les forces miraculeuses de la vie. Car ta première âme invite ton corps à la guérison.

« Mens sana
in corpore sano. »*

Juvénal

Les douleurs physiques peuvent être provoquées par des douleurs psychiques. Le travail, le couple, la famille sont autant de causes possibles de tes douleurs ou de tes maux.

- S'il y a des conflits, il convient de les résoudre.
- S'il y a des tensions, il convient de les apaiser.
- Si tu ne te sens pas à ta place, il convient d'en changer.

Pour que ton corps soit en bonne santé et que les douleurs soient moindres, il faut vivre dans un endroit qui te convient avec des personnes qui te conviennent. Ne t'ajoute pas de la peine en faisant les mauvais choix.

« Le corps de l'homme est un vaisseau
sur lequel s'embarque l'âme
pour traverser une mer orageuse. »

Axel Oxenstiern

* Un esprit sain dans un corps sain.

« J'ai enlevé les deux f du verbe souffrir, maintenant je vais bien ! »

Anonyme

Si tu as mal, demande-moi conseil. Je te donnerai des idées pour essayer d'apaiser ta douleur. Il existe forcément un chemin vers le mieux-être. Il existe toujours un moyen de trouver un soulagement. Par exemple, l'hypnose, l'acupuncture, le yoga, la méditation, le jeûne, l'activité physique, la médecine traditionnelle, etc. Et rappelle-toi cette chose essentielle : il existe un médicament que tes proches peuvent t'apporter pour t'aider à aller mieux et apaiser tes douleurs. Et ce médicament, c'est l'amour.

Chercher le bonheur

Quel bonheur de t'avoir vu hier heureux et épanoui ! Voilà ce que j'aurais aimé te dire, si j'avais osé, pour que tu sois heureux toujours... Pour que tes sourires continuent à illuminer ma vie. J'aurais sans doute commencé par te raconter cette histoire.

Une mère et la plus jeune de ses filles faisaient une promenade en montagne. Subitement, la jeune fille glissa sur une pierre et tomba. Elle se fit mal et cria : « Aïe ! »
À son grand étonnement, elle entendit une voix dans la montagne qui répéta : « Aïe ! Aïe ! Aïe ! »
Curieuse, elle demanda : « Qui êtes-vous ? »
Et la voix dans la montagne lui répondit : « Qui êtes-vous ? » Énervée par cette réponse (cette jeune fille avait un caractère bien trempé et elle n'aimait pas qu'on s'amuse à répéter tout ce qu'elle disait comme un perroquet), elle cria : « Tu n'es qu'un lâche ! »
Et la voix dans la montagne cria : « Lâche, lâche, lâche ! »
La jeune fille regarda sa mère incrédule : « Tu sais ce qui se passe, Maman ? »
La mère répondit avec un sourire : « Ma chérie, écoute bien maintenant. » Et elle cria très fort vers la montagne : « Je te trouve formidable. »

La voix dans la montagne répéta trois fois: «Je te trouve formidable».
Elle cria encore: «Tu es la plus belle et la plus intelligente de toutes les petites filles.»
La voix répéta trois fois: «Tu es la plus belle et la plus intelligente de toutes les petites filles. Je t'aime, je t'adore.»
La voix répéta trois fois: «Je t'aime, je t'adore.»
La jeune fille ne comprenait toujours pas ce qui se passait, à part que les mots de sa maman avaient empli son cœur de joie. Sa mère lui expliqua alors:
«On appelle écho ce phénomène. Dans certains endroits, quand tu parles, ta voix se réverbère et te revient, comme si elle se démultipliait. C'est la même chose qui se passe dans la vie. Tout ce que tu fais ou dis possède un écho. Si tu es heureuse et que tu partages ton bonheur et ta joie, alors ton bonheur et ta joie se propagent et finissent par te revenir. Si tu veux plus de bonheur dans le monde, commence par emplir ton cœur de bonheur et ta joie se propagera parmi tous les gens que tu rencontreras avant de te revenir comme un écho.»

Un jour, une femme qui sortait de sa maison découvrit debout sur son paillasson trois vieillards. Tous les trois avaient une longue barbe blanche et ils paraissaient aussi vieux que le monde. Comme elle ne les connaissait pas, la femme leur dit: «Je ne pense pas vous connaître, que faites-vous là debout sur mon paillasson?»
Les trois vieillards répondirent à l'unisson: «Nous avons faim, auriez-vous quelque chose à nous offrir à manger?»

La femme les regarda d'un air surpris, puis répondit d'une voix à la fois douce et énergique : « Oui, bien sûr ! » Cette femme était généreuse et les trois vieillards attisaient sa curiosité : « Entrez donc, je vais vous installer. »
À ces mots, les trois vieillards se raidirent et ajoutèrent : « Nous n'entrons jamais tous les trois en même temps dans une maison. »
« Et pourquoi ? » demanda la femme interloquée.
Ces trois grands-pères étaient décidément bien étranges.
Un des vieillards lui expliqua : « Mes deux amis s'appellent respectivement Richesse et Succès, et mon nom est Amour. Tu dois donc décider lequel de nous trois tu vas laisser entrer en premier dans ta maison. »
La femme était perplexe. Elle voulut prendre conseil auprès de son mari qui était resté à l'intérieur. Elle lui présenta la situation et demanda son avis.
« Quelle aubaine, dit-il ! Voilà que la Richesse, le Succès et l'Amour frappent en même temps à notre porte. Dépêche-toi de faire entrer Richesse avant qu'il ne change d'avis. »
Sa femme écouta, puis réfléchit.
« Mon mari, pourquoi n'inviterions-nous pas plutôt Succès ? » demanda-t-elle.
Leur fille, qui se trouvait dans une pièce voisine, entendit leur conversation. Elle voulait elle aussi donner son avis.
« Ne faudrait-il pas plutôt inviter d'abord Amour ? Comme cela, notre maison serait remplie d'Amour et nous serions heureux ! »
Le mari et la femme faisaient confiance à leur fille, qui était une enfant très sage. La femme retourna donc sur le palier et proposa à Amour d'entrer.
« Amour, c'est décidé, vous êtes notre invité ! »

Amour entra dans la maison. Les deux autres vieillards le suivirent et entrèrent à leur tour.
La femme fut étonnée. Elle demanda à Richesse et Succès : « J'ai seulement invité Amour. Pourquoi entrez-vous également ? Je croyais que vous n'entriez jamais tous les trois dans la même maison. »
Les vieillards lui répondirent à l'unisson : « Si vous aviez invité Richesse ou Succès, les deux autres seraient restés dehors, mais puisque vous avez invité Amour, partout où il va, nous allons avec lui. Vous savez, Madame, partout où il y a de l'Amour, il y a aussi de la Richesse et du Succès ! »

Deux cents personnes participaient à un séminaire. Subitement, le speaker s'arrêta de parler et donna à chaque personne un ballon. Puis il invita chaque participant à écrire son nom sur le ballon à l'aide d'un gros crayon rigolo. Tous les ballons furent rassemblés dans une pièce voisine. Le speaker demanda alors à chaque participant de pénétrer un par un dans la pièce pour retrouver son ballon (celui sur lequel était inscrit son nom !) et tout cela en moins de cinq minutes. Tous les participants se précipitèrent dans la pièce et se mirent à chercher leur ballon. Ils se poussaient, se bousculaient, couraient dans tous les sens, dans un nuage de poussière et un bruit assourdissant. Le temps imparti écoulé, personne n'avait pu trouver son ballon.
Alors le speaker dit : « Je vous propose maintenant que chaque participant prenne un ballon au hasard et l'offre à la personne dont le nom est écrit dessus. » En quelques minutes, tout le monde avait récupéré son ballon.

> Le speaker dit alors : « L'exercice que vous venez de réaliser est à l'image de ce qui se passe dans nos vies. Tout le monde recherche le bonheur, ne sachant pas où il est, alors que le bonheur réside dans le bonheur des autres. Si vous aidez les gens que vous connaissez à trouver le bonheur, vous obtiendrez le bonheur aussi. Il faut penser autant aux intérêts d'autrui qu'à ses propres intérêts. Et ainsi on peut créer l'harmonie dans ses relations avec les autres. »

Si tu as la chance d'être heureux, partage ta joie et ton bonheur avec les gens que tu rencontres. Souris et ris et fais-en sorte que les autres sourient et rient eux aussi. Partage, ne sois pas avare. Certaines personnes t'en voudront d'être heureux alors qu'elles-mêmes connaissent le malheur. Ne te laisse pas impressionner par leur réaction. Sois un exemple, car de la même façon qu'un glaçon finit par fondre au soleil, leur visage finira par s'éclairer d'un sourire. Ta joie viendra à bout de leur douleur.

« Le bonheur n'est vrai que quand il est partagé. »

Jon Krakauer, « Into the Wild »

Si tu es heureux au moment où tu lis ces lignes, tu dois faire en sorte que cet état dure toujours. Tu peux être heureux à cause des circonstances : peut-être sommes-nous en été. La chaleur et la lumière du soleil t'emplissent de joie. C'est très bien de savoir profiter du miracle de l'été. Profites-en pour prendre l'engagement vis-à-vis de toi-même de rester heureux même quand les circonstances auront changé, même quand le ciel sera gris, qu'il pleuvra et ventera et qu'il fera un froid glacial. Là est ton défi !

Être heureux chaque jour qui passe n'est pas aussi simple qu'il y paraît. La plupart des gens qui souffrent ou rencontrent des problèmes insolubles dans leur vie en veulent aux gens heureux. La joie, les sourires et les rires les irritent. L'Homme heureux symbolise l'injustice dont ils se sentent victimes. Il faut avoir de la compassion vis-à-vis de ces personnes, et accueillir leurs critiques et leurs remarques parfois acerbes, sans se détourner de son credo qui est de vivre heureux quoi qu'il arrive. Paradoxalement, les gens heureux rencontrent plus que les autres des problèmes et des difficultés. On ne leur épargne rien. Si tu souris et sembles joyeux, on considérera que tu es fort et si tu es fort on te mettra à l'épreuve. Cela se produira dans ton travail surtout, mais aussi dans ta vie amicale ou familiale. En général, on demande beaucoup plus aux gens heureux qu'aux gens malheureux. La souffrance et le malheur sont au contraire d'excellentes excuses qui justifient qu'on te laisse en paix.

« Voiles sur les filles, barques sur le Nil
Je suis dans ta vie, je suis dans tes bras
Alexandra Alexandrie
Alexandrie où l'amour danse avec la nuit
J'ai plus d'appétit qu'un barracuda

Je boirai tout le Nil si tu n'me retiens pas
Je boirai tout le Nil si tu n'me retiens pas
Alexandrie Alexandra
Alexandrie où l'amour danse
au fond des draps
Ce soir j'ai de la fièvre et toi tu meurs de froid
Les sirènes du port d'Alexandrie
Chantent encore la même mélodie wowo
La lumière du phare d'Alexandrie. »

Claude François,
« Alexandrie, Alexandra »

Voilà pourquoi il n'est pas simple de prendre la décision d'être heureux. Car il y a maints avantages à être malheureux. Certes on souffre, mais on en tire maints bénéfices. Les gens écoutent et plaignent les personnes malheureuses. Ils se montrent compréhensifs et indulgents à leur égard. Ils les laissent même faire des choses que que l'on réprouve habituellement, comme se montrer odieux ou désagréable, se mettre en colère et dire des méchancetés. Être heureux est beaucoup plus difficile.

« Vivre, c'est se réveiller la nuit dans l'impatience du jour à venir, c'est s'émerveiller de ce que le miracle quotidien se reproduise pour nous une fois encore, c'est avoir des insomnies – de joie. »

Paul-Émile Victor

Les gens heureux vivent en ayant la joie comme objectif. Le bonheur est pour eux comme une cible, un point d'attache auquel est arrimée leur âme. Ils s'accrochent à la joie comme une moule à son rocher. Les tempêtes passent, le vent souffle, le soleil brûle, et ils sont toujours là. Et comme ils sont accrochés à la joie, ils transforment tout ce qui leur arrive en opportunités, en occasions, en prétextes pour améliorer encore plus leur situation. Le bonheur attire le bonheur et la chance.

« Le bonheur est fait d'énergie,
De persévérance et de foi.
Si tu veux l'attirer à toi,
Sans te lasser, travaille et prie.
Aide-toi le ciel t'aidera.
Qui du sort par trop se défie
Moins qu'un autre le fixera. »

Henri-Frédéric Amiel

Heureux qui comme Ulysse a fait un beau voyage, ponctué de maintes épreuves, de séparations, de trahisons, de misères, mais aussi de rencontres, de belles histoires d'amour et d'amitié. Ainsi est la vie : un beau voyage dont il faut être heureux. Il est le seul que l'on réalise, comme un peintre qui n'aurait le droit de ne peindre qu'un seul tableau. Il le peindrait en couleurs et ce serait sans doute le plus beau voyage. Toi que j'apprécie et que je vois heureux, profite du vent et de la mer calme, il fait beau aujourd'hui.

« C'est l'histoire d'une fraise qui fait du cheval. Tagada, tagada, tagada. »

Je te souhaite d'être heureux chaque jour de ta vie. Il faut être honnête, les événements auxquels tu seras confronté seront parfois difficiles. Aussi il te revient de faire un choix, celui d'être heureux quoi qu'il arrive. Si tu es capable de faire le choix d'être heureux quoi qu'il arrive, alors tu parviendras à surmonter toutes les épreuves de la vie, sans te plaindre et sans te laisser aller. Tu avanceras la tête haute, fier et serein. Tu deviendras un exemple à suivre et tu illumineras la vie de tous ceux que tu rencontreras.

Être rejeté par ceux qu'on aime

Dernièrement, dans ce lieu où nous avons l'habitude de nous retrouver, tu m'as confié avoir été rejeté par des gens que tu aimes... Voilà ce que j'aurais aimé te dire, si j'avais pu te montrer quelle est ta vraie valeur... J'aurais sans doute commencé par te raconter cette histoire de bouc.

Il était une fois un village. Dans ce village, les hommes et les femmes commettaient très régulièrement des péchés et avaient des comportements immoraux. Le fait que chaque homme et chaque femme commettent des péchés provoquait de nombreux problèmes dans le village. Il y avait fréquemment des conflits entre les habitants et une profonde rancœur commençait à s'infiltrer entre eux. Un premier avait trahi, un deuxième avait trompé, un troisième avait volé, un quatrième avait blessé, etc.

Le chef du village, craignant que ces conflits débouchent sur des actes de violence, s'en alla voir un sage qui vivait dans les montages pour lui demander conseil.

Le sage lui répondit: « Prends le bouc le plus laid et le plus puant de tes troupeaux. Une fois que tu l'au-

ras choisi, demande à chaque villageois d'écrire sur une écorce les griefs qu'il a envers les autres villageois. Quand ce sera fait, accroche les écorces autour du cou du bouc, puis fais-le traverser le village en lui donnant des coups de bâton. Lorsqu'il aura traversé le village et que tu l'auras bien frappé, fais-lui très peur pour qu'il s'enfuie dans le désert à l'heure la plus chaude de la journée. Fais-en sorte que tous les villageois te voient faire et qu'ils comprennent bien que le bouc mourra dans le désert assoiffé et brûlé par le soleil. Ainsi, tous les péchés des villageois seront absous et oubliés. Une vie normale pourra reprendre au sein de ton village. »
Le chef organisa dès son retour la grande cérémonie. Le bouc fut exilé et mourut, et la paix revint au village. Ainsi naquit le rite du bouc émissaire.

La psychologie humaine est fondée sur le rejet de la différence. La différence excite la curiosité moins souvent qu'elle ne repousse. Que la différence soit physique (couleur de peau), sociale (religionà, ou psychologique (opinion), elle provoque toujours le ressentiment, c'est-à-dire la colère. Cette colère se manifeste à travers les moqueries et les brimades, puis par la violence physique, et peut même aller jusqu'au meurtre. C'est ainsi que les groupes protègent leurs traditions.
Pourquoi la différence provoque-t-elle de la colère ?
Quelqu'un de différent apparaît comme une critique. Il ne veut pas forcément critiquer, mais c'est ainsi qu'il est perçu. Son acte est perçu comme une remise en question, voire comme une contestation des valeurs,

des comportements ou des croyances du groupe. Cette remise en question crée un trouble et provoque de l'incertitude, donc de l'angoisse. Une personne différente est anxiogène. Pour réduire cette angoisse, on essaie de la faire rentrer dans le rang. Et si elle n'accepte pas, on l'attaque.

« Les vérités différentes en apparence sont comme d'innombrables feuilles qui paraissent différentes et qui sont sur le même arbre. »

Gandhi

Si tu es rejeté, c'est que tu es devenu différent des autres membres de ta famille, de tes amis, de tes collègues, etc. Cette différence attise le ressentiment envers toi.

- Peut-être as-tu mieux réussi que les autres ?
- Peut-être as-tu fait des choix de vie différents ?
- Peut-être t'habilles-tu ou te coiffes-tu différemment ?
- Sans doute as-tu appris à t'affirmer dans ces choix ?

Tout cela fait que tu constitues un problème. Tu apparais comme une critique et tu suscites en retour de la violence, du mépris, du rejet.
Ce n'est pas forcément exprimé clairement. On ne te dit pas : « Je ne t'aime pas ou tu m'agaces parce que tes façons d'être et de penser sont différentes des miennes. » C'est plus insidieux, mais toi, tu le ressens. Cela passe par une façon de te regarder, de t'adresser la parole, de réagir à ta présence, cela se sent dans les odeurs que les gens dégagent en ta présence… Il y a aussi les petites blagues et les remarques, anodines en apparence, mais

qui te blessent. Car ton cœur lui sait ce qui se passe. Il n'est pas dupe. Ton cœur voit tout.

« L'humour est parfois une forme déguisée de violence. »

Anonyme

Si tu savais comme je sens cette déchirure dans ton cœur, quand ceux que tu aimes te repoussent ! Oui, tu as choisi de vivre ta vie, mais est-ce que tu mérites pour autant qu'on te juge et que te soient refusées l'amitié et l'affection d'un père, d'une mère, d'un frère ou d'une sœur, d'un cousin ou d'un ami ? L'amour est la volonté farouche de voir un être croître et être heureux. Et c'est l'inverse qu'on t'offre. On te souhaite de ne pas être toi. On t'invite à renoncer à ton chemin pour t'en imposer un autre que tu n'as pas choisi.

Que peux-tu faire ? Dois-tu renoncer à être toi ? Dois-tu devenir ce qu'ils attendent pour espérer en retour être aimé ? Ou dois-tu affirmer ta différence et vivre ta vie ? Je vais te dire quelque chose de difficile, mais qui reflète pourtant la réalité. Si tu es rejeté, tu n'as que deux options : te rendre conforme aux attentes de tes proches, c'est-à-dire « rentrer dans le moule pour te faire accepter », ou alors « cultiver ta différence ». Dans ce cas, tu dois envisager de rencontrer de nouvelles personnes qui t'aimeront pour ce que tu es.

« Selon ce que je connais de l'histoire, je vois que l'humanité ne saurait se passer de boucs émissaires. Je crois qu'ils ont été de tout temps une institution indispensable. »

Arthur Koestler

Quand tu es rejeté par ceux que tu aimes, commence par avoir de la compassion envers toi-même, toi qui es blessé. Accepte ce rejet comme tu acceptes la pluie ou le soleil. Tu pourras ensuite avoir de la compassion envers ceux qui te rejettent, car ils sont pour la plupart dans l'ignorance. Ils n'ont pas conscience de ce qu'ils font, de ce qu'ils disent, de ce qui provoque ce sentiment en eux. Sans doute n'ont-ils même pas conscience de te faire du mal. Ils croient que leurs critiques ne t'atteignent pas.

Le grand Bouddha était venu parler dans un village et tous les hommes, les femmes et les enfants s'étaient rassemblés pour l'écouter. Mais arriva bientôt un homme violent que le Bouddha exaspérait. Il se mit à insulter le grand Bouddha avant de s'en aller, rouge de colère. Marchant sur la route qui quittait le village, l'homme sentit sa colère s'apaiser et, progressivement, un profond sentiment de honte l'envahit. Comment avait-il pu se comporter de cette manière en public ?
Il décida de revenir sur ses pas et de demander pardon au Bouddha. Celui-ci était encore en train de parler et l'homme attendit la fin de son allocution pour venir se prosterner à ses pieds et lui demander pardon. Bouddha,

empli de compassion, lui demanda de se relever, lui expliquant qu'il n'y avait rien à pardonner. Surpris, l'homme lui rappela les injures qu'il avait proférées à son encontre publiquement. Il ne pouvait pas avoir oublié les mots qu'il avait prononcés sous le coup de la colère.

— Que fais-tu si une personne te donne sans raison un objet dont tu n'as pas l'usage, ou dont tu ne veux pas? demanda le Bouddha.

— Eh bien, je ne le prends tout simplement pas, répondit l'homme.

— Que fait alors la personne qui a essayé de te le donner? demanda le Bouddha.

— Eh bien, elle garde son objet, répondit l'homme.

— C'est sans doute pourquoi tu souffres des injures que tu as proférées. Quant à moi, rassure-toi, je n'ai pas été accablé par tes injures. Cette violence que tu as voulu répandre, personne n'a accepté de s'en emparer.

Tu ne peux pas décider ce que les gens pensent de toi. Tu ne peux pas maîtriser leur amour. Aussi dois-tu les laisser libres de ce qu'ils pensent et font. Si ce que tu fais leur plaît, suscite l'intérêt ou l'admiration, sois heureux. Si ce que tu fais ne leur plaît pas, suscite l'indifférence ou le mépris, sois heureux également. Prends du plaisir à faire ce que tu aimes et à être toi-même. Rappelle-toi l'histoire de l'âne, du fermier et de son fils. Il y aura toujours dans ce monde quelqu'un pour te critiquer.

« Ayant médité la douceur et la compassion, j'ai oublié la différence entre moi et les autres. »

Milarepa

La vie est faite de changements. Tu dois apprendre à t'écarter de la route de ceux qui ne te considèrent pas. Éloigne-toi simplement d'eux, comme tu te mets à l'ombre du soleil les jours de grande chaleur. Si une personne ne te procure pas de bien, alors il faut t'en éloigner. Sinon, de la même manière que l'imprudent qui reste trop longtemps en plein soleil voit sa peau brûler, tu attraperas des coups de désespoir et de détresse. Il te faut t'entourer de gens qui t'acceptent et t'aiment tel que tu es.

« L'esprit humain traite une nouvelle idée de la même manière que son corps le ferait d'une protéine étrange ; il la rejette. »

Pater Medawar

Fais attention de ton côté à ne rejeter personne. Chaque homme, chaque femme, éprouve des difficultés à appréhender certaines différences. Même le plus tolérant des hommes et la plus tolérante des femmes sont parfois intolérants. Apprends à rester humble et à faire preuve de prudence et de discernement quant à tes opinions et tes comportements. Ainsi tu prendras soin de ne jamais rejeter personne et de ne point faire subir aux autres personnes ce qui t'a toi-même blessé. Sois tolérant et accueille la différence comme une chance.

« Un honnête homme
est un homme mêlé. »

Montaigne

Ne sous-estime jamais la difficulté. Celui qui a vécu longtemps avec des étrangers sait à quel point il est difficile d'être un homme mêlé. Si tu as conscience de l'effort à accomplir pour aller vers l'autre, pour le découvrir et chercher à construire des ponts avec lui, alors tu seras d'autant plus disposé à le faire. Tu pourras alors devenir un passeur, celui qui est capable de mettre en relation des gens différents. Tu participeras ainsi à créer et à maintenir la paix dans le monde. Car l'incompréhension est souvent à l'origine des conflits.

« Sois le changement
que tu veux voir dans le monde. »

Gandhi

Il se peut que tu aies été rejeté quand tu étais enfant. Je me rappelle avoir lu il y a quelques années l'histoire de *Poil de carotte*, un petit garçon exécré par sa famille parce qu'il avait les cheveux roux, ce contre quoi il ne pouvait rien. Avoir été rejeté lorsque l'on a été enfant est l'une des choses les plus terribles qui puissent arriver à un être humain. Car un enfant ne peut pas se défendre contre le rejet. Il n'est pas libre de partir à la recherche des personnes qui sont capables de l'accepter tel qu'il est et de l'aimer à sa juste valeur.
Si tu as été rejeté lorsque tu étais enfant, il se peut qu'au plus profond de ton cœur demeure une blessure enfouie.

Si cette blessure n'a pas encore guéri, il est possible qu'elle se rouvre chaque fois que tu te trouves mis de côté. Si tu es dans ce cas, il te faut guérir cette blessure. Mais comment faire ? Comment faire pour combler ce trou béant dans lequel tu tombes dès que les autres t'écartent et te critiquent ? Avec quoi peut-on combler ce qui est aussi noir et profond qu'un gouffre sans fond ? Il existe une énergie capable de ce miracle. Cette énergie s'appelle l'Amour. Il ne s'agit pas de l'Amour des autres, non. On ne peut pas attendre des autres un tel miracle. Il s'agit de l'Amour qui émane de ton être intérieur. Le problème que rencontrent les personnes qui ont été rejetées quand elles étaient enfants n'est pas d'avoir été insuffisamment aimées. Leur problème est que personne ne leur a appris à aimer et encore moins à s'aimer soi-même. Il leur manque le mode d'emploi de l'amour.
Si tu veux, je peux essayer de t'apprendre à t'aimer. Ferme les yeux. Commence par ressentir ton corps. Ressens chaque partie qui le compose, à l'intérieur et à l'extérieur. Pense que tu es le parent de ton enfant intérieur, un parent aimant et bienveillant qui te prodigue tous les soins nécessaires. Occupe-toi de ton corps. Occupe-toi de ton esprit. Protège. Soigne. Nourris. Réchauffe. Caresse. Aime. Entraîne-toi jusqu'à ressentir la vibration de l'Amour, cette vibration qui insuffle la vie en ton être.

« Quand j'ai commencé à m'aimer, je me suis libéré de ce qui n'était pas bon pour ma santé – la nourriture, les gens, les choses, les situations et tout ce qui me tirait vers le bas et loin de moi.

Au début, j'appelai cela de l'égoïsme sain.
Aujourd'hui, je sais que c'est l'amour de soi. »

Charlie Chaplin

Si un jour tu es rejeté par ceux que tu aimes, ou que tu te sens triste à cause de souvenirs douloureux, sache que tu peux venir me voir. J'ai décidé de t'aimer quoi qu'il arrive et quoi que tu deviennes. Je suis ton ami et je le resterai, car j'ai fait ce choix et m'y suis engagé. Et si tu rejettes des gens à ton tour, alors je me permettrai de te le dire. J'espère que tu entendras mon appel et que tu ouvriras de nouveau ton cœur. Car personne en ce monde ne mérite d'être rejeté.

Aller trop vite

Lorsque je t'ai vu, tu n'avais pas le temps, tu étais pressé, tu avais tellement de choses importantes à faire. Voilà ce que j'aurais aimé te dire, si nous avions eu plus de temps, pour parler d'une manière profonde et sincère. J'aurais sans doute commencé par te raconter cette histoire.

Il était une fois un petit garçon dont le père était un monarque redouté. Très occupé par ses fonctions, le Roi avait confié l'éducation de son fils à un précepteur. Or il se trouvait que le précepteur était très sévère et punissait souvent le jeune prince. À la nuit tombée, l'instruction prenait fin et l'enfant rejoignait sa chambre, souvent l'air triste et désespéré.

Ce fut encore le cas le jour où commence notre histoire. L'enfant s'écroula sur son lit, des larmes dans les yeux et, se parlant à lui-même, dit: « Qu'elle est cruelle, la vie d'un enfant. Non seulement on doit apprendre toutes ces choses barbantes et en plus on se fait maltraiter par des maîtres. Mais pourquoi le temps passe-t-il si lentement? Comme je serais heureux si je pouvais devenir grand d'un seul coup de baguette magique. »

Au réveil, il eut la surprise de découvrir à ses côtés une bobine de soie rutilante. Il la contempla de longues minutes, ne sachant quoi penser. Au moment où il se décidait à la prendre dans sa main, une voix caverneuse s'échappa de la bobine et lui dit ces mots : « Prends garde à toi, mon garçon, et écoute bien mes paroles : en apparence je suis une bobine, mais en fait je suis bien plus que ça ; mon fil de soie représente tous les jours de ta vie. Minute après minute, mon fil se déroule et se dévide. La bobine a donc une fin, comme ta vie qui elle aussi prendra fin. Hier soir, tu souhaitais pouvoir hâter le cours de ta vie : je t'en donne le pouvoir. Déroule mon fil de soie, et le temps s'accélérera, tes jours s'enfuiront. Mais n'oublie pas, mon prince, que mon fil est en perpétuel mouvement. Tu ne pourras donc pas arrêter le temps et encore moins revenir en arrière. »

Médusé par ce qu'il venait d'entendre, le prince contempla la bobine, fasciné et songeur. La tentation était grande de la toucher afin d'en vérifier l'augure. Quelque peu inquiet et comme pour atténuer l'effet de sa pulsion, il déclara sur un ton solennel : « Je vais tirer quelques centimètres de fil de manière à faire passer une journée. »

Le fil fut tiré, et comme la bobine l'avait annoncé, sa journée défila devant lui en un éclair, et il se retrouva le soir d'après à la même heure sur son lit.

Mais le garçon n'était toujours pas satisfait de son sort. En son for intérieur, il pensait : « Me voilà bien avancé ; peu m'importe d'avoir passé une journée. Je suis toujours un enfant, contraint d'obéir à son maître. » Reprenant alors la bobine entre ses mains, il décréta : « Je veux être grand, être un homme adulte qui n'a plus de comptes à rendre à personne ! »

À peine avait-il commencé de dérouler le fil qu'il se métamorphosa et devint un homme presque instantanément. Une barbe ornait son visage et il était confortablement installé sur un trône : il était le monarque à présent. Ministres et courtisans s'affairaient autour de lui et l'entretenaient des affaires de l'État. Le prince devenu roi éprouva tout d'abord une grande joie mais quand il demanda des nouvelles de ses parents, on lui apprit qu'ils étaient morts.

Le roi se mit alors à pleurer à chaudes larmes, car il comprit que plus jamais il ne les reverrait. Pour le consoler, les courtisans l'encouragèrent à se marier, ce qu'il accepta. Un ambassadeur fut missionné pour aller demander au monarque du royaume voisin la main de sa fille, réputée très belle.

Mais l'ambassadeur tardait à revenir et le roi commençait à perdre patience. N'y tenant plus, il courut chercher la bobine magique et lui ordonna : « Dévide-toi, fil de mes jours, fil de ma vie. » Et aussitôt, la reine tant attendue fut à ses côtés. Et cela n'était pas encore assez, le roi voulait des enfants, et il eut de nouveau recours à la bobine, qui s'exécuta et exauça son vœu.

Cette fois, les braillements du nourrisson l'exaspérèrent. Le visage empourpré de colère, le monarque s'écria : « À quoi bon un enfant qui pleure et mange toute la journée comme un petit animal ! Je veux pouvoir parler avec mon fils et lui apprendre l'art de la guerre ! »

Il s'empressa de dévider un peu plus la précieuse bobine et continua ainsi, au rythme de ses désirs insatisfaits, d'abuser de son pouvoir en déroulant le fil. Jusqu'au jour où il atteint l'âge très avancé qui fit de lui un vieillard. Infirme et grabataire, le roi s'efforçait de ralentir le temps en convoquant ses souvenirs, en se remémorant les étapes de son existence. Il dut se rendre à l'évidence : le temps continuait de manger sa vie, sans trêve ni répit.

Alors, pris de désespoir, il saisit la bobine et lui dit à voix basse : « Maintenant que ma vie arrive à son terme, je m'incline devant toi, ô bobine, et te supplie de m'accorder un sursis et de suspendre le temps. »
La bobine avait troqué sa voix caverneuse pour un timbre de voix chaud et mélodieux et elle lui répondit : « Ta supplique ne saurait m'émouvoir, misérable prince : elle est irrecevable. Tu as brûlé ta vie. Ta paresse et ton impatience ont eu raison de toi. As-tu jamais fait le moindre effort pour obtenir quoi que ce soit ? T'es-tu jamais préoccupé d'accomplir de bonnes actions ? C'est ton châtiment que de te voir tel que tu es dans ce miroir que je te tends. »
Le prince devenu roi périt le lendemain. Quant à son fils, il renonça à son trône et consacra le reste de sa vie à la philosophie qu'il enseigna à l'université.

Jeff est marié et père de trois enfants. Il travaille dans une banque en région parisienne. Un soir de semaine, alors qu'il rentre chez lui, tard comme à son habitude, il est interpellé au seuil de sa porte par Léo, son plus jeune fils âgé de six ans :
— Dis papa ?
— Oui ? répondit Jeff.
— Tu étais où ? poursuivit le bambin.
— À ton avis ? répondit Jeff, passablement agacé par cette question. Jeff était fatigué et encore stressé par sa journée passée au bureau.
— Tu étais au bureau, dit l'enfant avec un large sourire. Tu as gagné combien d'argent ?

Surpris par cette question, Jeff se fige et répond :
— Mais qu'est-ce que c'est que cette question ? Pourquoi me demandes-tu ça ?
L'enfant, sur un ton très naturel, poursuit :
— Je veux que tu me le dises. S'il te plaît papa.
Jeff marque alors un temps d'arrêt, lève les yeux au ciel et, prenant Léo dans ses bras, répond alors :
— Je ne te savais pas aussi matérialiste, mais puisque tu insistes, je gagne 25,35 euros brut de l'heure, et comme je suppose que Monsieur mon fils l'inspecteur des impôts veut tout savoir, ça fait 20 euros net de l'heure et des poussières ! Voilà t'es content, je peux aller me mettre à l'aise maintenant ?
Jeff a retrouvé le sourire, finalement amusé par cet échange. À peine a-t-il le dos tourné que Léo s'écrie :
— Papa, papa, est-ce que tu peux me donner dix euros ?
Subitement, Jeff perd son calme et, la fatigue aidant, répond d'une voix forte :
— Mon petit bonhomme, je ne sais pas à quel petit jeu tu joues, mais là je vais sérieusement m'énerver ! Qu'est-ce que c'est que ces questions enfin ? Tu ne m'avais pas habitué à ça Léo ! File dans ta chambre, je suis vraiment contrarié.
Penaud, Léo optempère. Une heure plus tard, Jeff est pris de remords ; il est rare qu'il elève la voix sur ses enfants, de surcroît sur Léo, son petit dernier.
— Après tout, quel mal y a-t-il à demander dix euros à son père ? Le pauvre chou, je vais finir par le traumatiser avec mes sautes d'humeur !
Sortant de sa poche dix euros, Jeff se précipite dans la chambre de Léo et s'approche du bambin :

– Tiens, mon Léo, les dix euros que tu m'as demandés. Léo, sans même saisir l'argent que Jeff lui tend, se rue entre ses jambes comme il a l'habitude de le faire quand il est content. Curieux, Jeff lui lance :
– Mais dis-moi, que vas-tu faire avec cet argent, Léo ?
D'un air soudainement plus grave, Léo déclare :
– Papa, j'avais 10 euros dans ma tirelire, maintenant ça me fait 20 euros. Ça fait une heure de ton travail, tu m'as dit. Est-ce que je peux te les donner, comme ça tu prendras le petit-déjeuner avec moi demain matin ?
Jeff serre alors Léo tout contre lui, cachant au passage les larmes qui lui montent aux yeux.

Près des côtes de Saint-Domingue, un petit bateau de pêche rentrait au port avec à son bord plusieurs thons qui venaient d'être pêchés par Rodrigue, un jeune pêcheur. Un riche investisseur européen qui se baladait sur le port aperçut la belle cargaison et s'approcha du bateau et de son jeune pêcheur.
– Ils sont drôlement gros, vos thons. Combien de temps vous a-t-il donc fallu pour les pêcher ?
– Deux heures, répondit Rodrigue qui était fier d'avoir fait une bonne pêche ce jour-là pour vendre son poisson à la criée et en ramener quelques morceaux pour son dîner avec ses amis et sa famille.
– Mais alors, pourquoi êtes-vous rentré au port ? Vous auriez pu attraper le double ou le triple de thons si vous aviez travaillé toute la journée ? s'étonna le riche investisseur.

— Cette pêche suffit amplement à mes besoins et à ceux de ma famille, répondit le jeune pêcheur tout en déchargeant sa cargaison.
L'Européen demanda alors :
— Mais comment occupez-vous votre temps le reste de la journée ?
— Je fais la sieste, je joue avec mes enfants, je vais voir des amis. Le soir je joue aux cartes et je chante. Nous buvons de la bière et nous jouons de la musique.
L'Européen interrompit le pêcheur et lui dit :
— Écoutez-moi : j'ai étudié à Cambridge, je suis un riche investisseur et je peux vous aider. La prochaine chose que vous devriez faire est de pêcher plus longtemps, peut-être deux ou trois heures de plus. Avec les bénéfices ainsi engendrés, vous pourriez acheter un plus gros bateau de pêche, acheter des filets et recruter un petit équipage. Avec l'argent gagné, vous pourriez rapidement acheter un second bateau et ainsi de suite, jusqu'à posséder votre propre flotte. Vous pourriez devenir un sacré entrepreneur, si vous le vouliez. En étant intelligent, vous pourriez même supprimer les intermédiaires et négocier directement avec l'usine qui achète vos poissons, et même un jour ouvrir votre propre usine, ou même acheter, j'en ai entendu parler, des bateaux-usines. Vous pourriez alors quitter votre petit village pour vous installer dans une grande ville et même déménager à l'étranger, peut-être à Londres ou à Paris, d'où vous dirigeriez toutes vos affaires.
Le pêcheur réfléchit et demanda :
— Combien de temps cela prendrait-il ?
— Environ vingt ans, répondit le riche investisseur.
— Et que ferais-je après ? demanda le jeune pêcheur.

— Après, c'est là le plus intéressant. Quand le moment sera propice, vous introduirez votre société en bourse. Vous gagnerez alors des millions en vendant vos actions. Vous ne les vendrez pas toutes, bien sûr. Vous en garderez pour avoir une rente.
— Des millions, une rente ? Mais que ferais-je avec tout cet argent ?
— Et bien, vous pourrez prendre votre retraite, profiter de la vie, habiter un petit village côtier de Saint-Domingue, faire la sieste, jouer avec vos enfants, aller voir vos amis, et le soir vous boirez de la bière et vous jouerez de la musique !

Et si tu prenais le temps de respirer, de voir, d'entendre, de toucher. Si tu prenais le temps de t'arrêter pour laisser le soleil caresser ton visage et réchauffer ton corps. Je sais que tu aimes courir : l'argent, le pouvoir, la renommée, la compétition, les projets, les passions, les filles, les garçons, etc. Il y a tellement de raisons de vouloir aller vite. Mais lorsque l'on va vite, il arrive parfois qu'on oublie de profiter du moment présent. On veut avoir fait les choses, mais sans prendre le temps et le plaisir de les faire.

« Les arbres ont gardé du soleil dans leurs branches.
Voilé comme une femme, évoquant l'autrefois,
Le crépuscule passe en pleurant… Et mes doigts
Suivent en frémissant la ligne de tes hanches.
Mes doigts ingénieux s'attardent aux frissons

De ta chair sous la robe
aux douceurs de pétale...
L'art du toucher, complexe et curieux, égale
Les rêves des parfums, le miracle des sons.
Je suis avec lenteur le contour de tes hanches,
Tes épaules, ton col, tes seins inapaisés.
Mon désir délicat se refuse aux baisers ;
Il effleure et se pâme en des voluptés blanches. »

Renée Vivien,
« Le toucher »

Connais-tu Épicure et sa philosophie ? N'as-tu pas envie parfois de devenir une feuille qui se laisse porter par le vent ? Le moment présent fugace, mais tellement plein de sensations. Si tu prends le temps d'écouter tes sens, tu verras qu'une seconde est aussi longue qu'une heure, tant elle est riche de sensations. Sois attentif, concentre-toi, pense à ce qui se passe ici et maintenant. C'est une découverte sensuelle, de la beauté des choses, des gens et du monde. C'est comme une prière.

« Ne cherche pas à connaître – il est défendu de le savoir – quelle destinée nous ont faite les dieux, à toi et à moi, ô Leuconoé ; et n'interroge pas les Nombres babyloniens. Combien le mieux est de se résigner, quoi qu'il arrive ! Que Jupiter t'accorde plusieurs hivers, ou que celui-ci soit le dernier, qui heurte maintenant la mer Tyrrhénienne contre les rochers immuables, sois sage, filtre tes vins et mesure tes

longues espérances à la brièveté de la vie. Pendant que nous parlons, le temps jaloux s'enfuit. Cueille le jour, et ne crois pas au lendemain**. »*

Horace

Connais-tu la pleine conscience ? Si tu veux, je peux t'aider à le découvrir. La pleine conscience est l'art d'être présent au monde. Si tu veux essayer, commence lors d'un repas. Fais attention à l'odeur de chaque aliment, à leur forme et à leur couleur. Puis, lorsque tu les porte à ta bouche, fais attention à leur goût et à leur texture. Sois attentif aux sensations qui viennent de ton palais, de tes joues, de ta langue. Sais-tu que chaque partie de ta langue est faite pour détecter certaines saveurs ? Prends le temps de tout bien ressentir.

Si tu es amoureux, prends le temps de regarder celle ou celui que tu aimes. Arrête-toi de parler et contente-toi de l'observer. Observe sa silhouette, observe son visage. Écoute le son de sa voix. Ressens la vibration que produit tout son corps quand il parle. Prends le temps de bien humer son odeur dans ses différentes parties. Prends le temps, quand tu caresses sa peau, de bien ressentir son grain, sa chaleur, son humidité. La pleine conscience est un moment particulièrement sensuel, car tous les sens sont en éveil.

En expérimentant cet état, tu découvriras des sensations extraordinaires. Tu pourras même faire le silence en toi-même. Je suis sûr que parfois tu en as assez d'entendre

---

* *Carpe diem.*

** Traduction de Leconte de Lisle, 1873.

ta petite voix intérieure te rappeler tes obligations et tes problèmes. La pleine conscience permet de se détacher de la conscience, de revenir à un rapport au monde plus simple et plus primitif. Imagine un animal dans la forêt, aux aguets de ce qui se passe. C'est l'état dans lequel tu es lorsque tu atteins la pleine conscience.
Tu pourras faire, si tu as de la chance, l'expérience d'une connexion avec le monde. Au lieu de te sentir comme une entité séparée, tu auras alors le sentiment d'être connecté à chaque chose, comme si tu faisais partie d'un même ensemble, que tu appartenais à la même famille en quelque sorte. Freud parle de sentiment océanique, car c'est un seztient que l'on l'éprouve quand on se baigne nu dans l'océan ou quand on vient de faire l'amour. On est alors pleinement connecté à ses sens.

« Ai-je bien utilisé mon temps ? »

Titus

À mesure qu'on vieillit, on prend conscience de l'importance du temps. À vingt ans, on peut passer son temps à faire tout et n'importe quoi. On est dans l'illusion que le temps est une ressource infinie, tant l'échéance finale semble lointaine, tant on se laisse croire qu'on vivra éternellement. Mais après... Après on se rend compte qu'une heure, un jour, une semaine est une éternité. On ne veut plus gaspiller ces précieuses secondes à des futilités qui ne contribuent pas à notre bonheur ou au bonheur des gens qu'on aime.
La vieillesse nous apprend à choisir les livres que l'on lit, les gens que l'on rencontre, les endroits que l'on visite,

etc. Elle nous invite à ne plus gaspiller notre temps en d'inutiles efforts, en jeux d'apparence, en vains atermoiements... Chaque chose mérite d'être choisie avec attention et circonspection... Si tu as conscience que ta vie est limitée et que le temps passe vite, alors tu ne feras que les choses qui sont réellement importantes pour toi et tu ne perdras pas de temps à souffrir ou à t'embêter.

Pour connaître la valeur d'une année, demande à l'élève qui a raté un examen important.
Pour connaître la valeur d'un mois, demande à la mère qui a mis un enfant au monde trop tôt.
Pour connaître la valeur d'une semaine, demande à l'éditeur d'un magazine hebdomadaire.
Pour connaître la valeur d'une heure, interroge les amoureux qui attendent de se revoir.
Pour connaître la valeur d'une minute, demande à celui qui a raté son train.
Pour connaître la valeur d'une seconde, demande à celui qui a perdu un proche dans un accident.
Pour connaître la valeur d'une milliseconde, interroge celui qui a gagné une médaille d'argent aux Jeux olympiques.
Le temps n'attend personne. Rassemble chaque instant qu'il te reste et il sera de grande valeur. Partage-les avec des personnes de ton choix et ces instants seront encore plus précieux.

Être critique à l'encontre de nos proches

Lorsque je t'ai vu, nous avons passé beaucoup de temps à critiquer certaines personnes que nous connaissons. J'ai réfléchi et voilà ce que j'aimerais te dire, maintenant que je me suis rendu compte que nous étions dans l'erreur. J'aurais sans doute commencé par te raconter cette histoire de voisines.

Une femme venait de prendre sa retraite. Comme elle avait maintenant le temps de s'occuper durant sa journée, elle prit le temps de regarder par la fenêtre, ce qu'elle n'avait plus fait depuis longtemps, puisqu'elle avait l'habitude de se lever très tôt. Elle aperçut alors sa voisine de l'immeuble d'en face, une jeune étudiante, qui étendait son linge sur le balcon. « Regarde, dit-elle à son mari, comme son linge est sale. Elle ne doit pas savoir faire sa lessive. Peut-être qu'elle aurait besoin que je le lui montre ».

Les jours suivants, chaque fois que la voisine étendait son linge, la femme faisait la même remarque. Son mari, qui était d'un naturel silencieux, l'écoutait sans prononcer

un mot. Quinze jours plus tard, la femme fut très surprise de voir soudainement le linge de sa voisine étincelant de blancheur.
« Regarde, dit-elle à son mari, notre voisine a enfin appris à faire sa lessive. Je me demande qui le lui a appris. Moi-même, je l'ai croisée dans la rue l'autre matin, mais je n'ai pas osé lui dire. Cela ne nous regarde pas après tout. »
Son mari leva la tête de son journal et répondit : « Personne ! J'ai juste pris le temps de laver les vitres sales de nos fenêtres. »

Dans la Grèce antique, Socrate enseignait et recevait chaque jour des disciples et des collègues philosophes. Un jour l'un d'eux vint le voir et lui dit :
— Veux-tu savoir ce que je viens d'apprendre à propos de l'un de tes disciples ?
— Non, je ne le veux point, répondit Socrate. Du moins, avant que tu ne me révèles ce secret, je voudrais que tu fasses passer un test à ce que tu t'apprêtes à me dire.
— Un test ? demanda son collègue philosophe.
— Oui, un test. Ce test s'appelle le test des trois passoires.
— D'accord, dit son collègue philosophe, qui brûlait de lui révéler ce secret.
— La première passoire est celle de la Vérité. Es-tu bien sûr que ce que tu veux me dire est vrai ? As-tu pris le temps de le vérifier ?
— Non, j'avoue que j'en ai seulement entendu parler... C'est l'un de mes amis qui m'en a parlé.
— D'accord, ajouta Socrate. Tu n'es donc pas certain que cette information soit vraie. Maintenant, tu vas utiliser

une deuxième passoire, la passoire de la Bonté. Ce que tu veux m'apprendre sur mon disciple est-il quelque chose de bien sûr lui ?
– Au contraire, c'est une chose qui ne lui fait pas honneur !
– Tu t'apprêtes donc à me raconter sur l'un de mes disciples une histoire qui va lui causer du tort sans être certain que cela soit vrai. Maintenant, tu vas utiliser la troisième passoire, celle de l'Utilité. Est-ce que ce que tu souhaites me raconter va m'être utile ?
– Je ne pourrais pas dire cela non plus, répliqua le collègue philosophe.
– Si cette information n'est ni vraie, ni utile, ni bonne pour cet homme, pourquoi souhaites-tu absolument me la raconter ?

Les ragots sont aussi croustillants que des chips, aussi délicieux à entendre qu'à raconter. Mais comme les chips, qui sont des aliments très gras et très salés qui font beaucoup de mal à notre santé, les ragots et les rumeurs font souvent beaucoup de mal aux gens. Et ce mal est inutile. Si tu as de la compassion pour les autres et que tu veux sincèrement leur bien, il convient de ne point colporter de rumeurs ou de ragots à leur propos. La prochaine fois qu'un ami te raconte une histoire, fais le test des trois passoires.

Parfois, j'ai remarqué qu'il est difficile de se priver de critiquer, de juger ou de colporter des rumeurs. J'ai remarqué que cela survient quand nous n'avons plus rien à dire. Alors nous parlons des autres. Je crois que, d'une certaine façon, ces propos sont destinés à nous rapprocher. En critiquant les autres, nous renforçons nos liens. De la sorte, nous avons le sentiment d'être pareils, d'être du bon côté, du côté de ceux qui partagent les mêmes valeurs et les mêmes manières de voir... Mais cela se fait au détriment des autres.

« La critique est un impôt que l'envie perçoit sur le mérite. »

Duc de Lévis

Je dois le reconnaître : si je critique les autres, c'est parce que je suis jaloux. J'apprends que l'un de mes amis a eu du succès dans tel ou tel domaine, qu'il a fait un voyage que je n'ai pas pu faire, qu'il a gagné une forte somme d'argent... Je voudrais être heureux pour lui, mais bizarrement, au lieu d'être heureux, je suis jaloux. J'ai l'impression qu'il ne se passe rien d'intéressant dans ma vie, que je n'ai pas autant de chances ou de possibilités. Alors j'éprouve une émotion négative à son encontre.

« Le plaisir de la critique nous ôte celui d'être vivement touchés de très belles choses. »

Jean de La Bruyère

Je crois que le plus grand rempart contre la critique, le jugement et l'envie, c'est de réussir sa vie. Si on identifie bien ses objectifs, que l'on agit et que l'on accomplit ce que l'on désire accomplir au plus profond de soi, alors on n'éprouve plus ni jalousie ni envie. La seule solution pour être bon avec les autres est de réussir sa vie. J'ai décidé maintenant de ne plus jamais juger négativement les autres. C'est dur, mais j'ai pris cette décision et j'espère de tout cœur que tu seras capable de prendre la même décision que moi.

« La critique est la puissance des impuissants. »

Alphonse de Lamartine

Lorsque l'on critique, on exerce son pouvoir. On est spectateur d'une chose et on dit : ce n'est pas beau, ce n'est pas bien, c'est nul, ce n'est pas professionnel… Mais en faisant cela, on oublie que ce jugement est seulement le résultat de nos pensées. Il ne s'agit que d'une perception, or toute perception est relative. Il ne faut jamais oublier cela, car sinon on risque de devenir blessant à l'encontre de ceux qui agissent et essaient de nous offrir quelque chose en donnant le meilleur d'eux-mêmes.

> Un jour, un homme se mit à critiquer le grand sage du village, se plaignant de l'attitude de ce dernier dès qu'il conversait avec quelqu'un. Quelques mois plus tard, quand il commença à mieux connaître le grand sage, il prit conscience de son erreur et se rendit auprès du sage afin de lui demander pardon. Il lui dit:

— Demande-moi ce que tu veux, et je le ferai pour me faire pardonner.
Le grand sage, empli de compassion, lui dit simplement:
— Va chercher ton oreiller, sors dans ton jardin, déchire-le et laisse le vent disperser les plumes qu'il contient.
Ne cherchant pas à comprendre, l'homme s'exécuta. Il revint ensuite voir le grand sage.
— M'as-tu pardonné à présent? demanda-t-il.
— Pas tout fait. Je souhaiterais maintenant que tu ailles ramasser toutes les plumes de ton oreiller, répondit le grand sage.
— Mais c'est impossible! s'exclama l'homme, le vent les a toutes dispersées!
— Eh bien, il est aussi difficile de réparer les torts que tu as causés par tes paroles que de récupérer les plumes dispersées par le vent. Tes paroles ont elles aussi fait leur chemin...

Longtemps, je n'ai pas mesuré la portée de nos paroles. Chaque fois que nous disons quelque chose de négatif sur quelque chose ou sur quelqu'un, nous contribuons à rendre le monde un peu plus noir. Nous pensons que ce n'est pas grave ou important, mais nos paroles ont des conséquences. Et il n'est pas toujours simple de réparer le mal qui a été fait. Voilà pourquoi, je te propose, dans nos prochaines conversations, d'essayer d'être toujours positifs à l'égard du monde qui nous entoure.
Nous devons prendre conscience que nos critiques sont aussi le fruit de nos désirs inassouvis. Le travailleur qui critique le paresseux n'aimerait-il pas de temps à autre

s'autoriser quelques heures d'oisiveté ? Le courageux raillant le couard n'est-il jamais tenté de fuir, de temps à autre, lui aussi ? Et le vertueux qui critique l'adultère n'aurait-il pas envie de temps à autre de fauter. Toute critique est violence faite aux autres. Mais toute critique est aussi violence faite à soi-même.

Nos vertus peuvent devenir des prisons. Et parce que nous ne parvenons pas à en sortir, trop désireux de respecter certains principes, nous vouons aux gémonies ceux qui sont libres. Et la critique sert à maintenir la différence.

Alors sois libre de temps en temps. Si tu es fort, deviens faible. Si tu es sérieux, emplis-toi de fantaisie. Si tu es travailleur, sois paresseux. Tu ressortiras grandi de ces expériences. Tu comprendras mieux tes proches et tu sauras te montrer plus indulgent vis-à-vis d'eux et donc vis-à-vis de toi-même.

> Deux amis nomades étaient en train de traverser l'un des déserts les plus brûlants de la terre.
>
> À un moment de leur voyage, ils eurent une dispute. Le premier donna une claque au second. Ce dernier, endolori ne répondit pas. Il s'agenouilla sur le sol et écrivit dans le sable : « Aujourd'hui mon meilleur ami m'a giflé. » Ils poursuivirent leur chemin et atteignirent une oasis. Ils purent alors faire boire leur dromadaire et se laver. L'eau était plus profonde que prévu, et l'homme qui avait reçu une claque ne savait pas nager. Il faillit mourir noyé, mais son ami le tira de ce faux pas.

Après avoir repris sa respiration, il chercha une pierre. Puis il prit un clou et un petit marteau et grava sur la pierre : « Aujourd'hui, mon meilleur ami m'a sauvé la vie. » Celui qui lui avait donné une claque et sauvé de la noyade lui demanda alors : « Quand je t'ai donné une claque, tu as écrit sur le sable, et maintenant tu as gravé une pierre. Pourquoi as-tu décidé de faire cela ? »
Son meilleur ami répondit : « Lorsque quelqu'un nous fait du mal, nous devons l'écrire dans le sable, là où les vents du pardon viendront l'effacer. Mais quand quelqu'un fait le bien pour nous, nous devons le graver dans la pierre, pour que rien ne puisse l'effacer. »

Je voudrais te demander pardon. Car il m'est arrivé de parler de toi en des termes négatifs. Je ne pensais pas à mal, mais je l'ai fait. J'étais dans l'erreur et je te demande de bien vouloir laisser le vent effacer mes paroles. Si tu as fait de même, ce n'est pas grave. Je te pardonne. Maintenant, je sais que nous réfléchirons à deux fois avant de prononcer une parole négative sur quelqu'un. Nous ferons plus attention, car nous savons que nos comportements ont un impact sur le monde et sur les gens.

Être en colère

Lors de notre dernière entrevue, tu m'as parlé d'une personne à qui tu en voulais beaucoup. Cette situation te mettait hors de toi, tu étais en colère. Voilà ce que j'aurais aimé te dire pour apaiser ce feu qui brûle en toi et transformer cette énergie en force. J'aurais sans doute commencé par te raconter cette histoire.

Un jour, dans une tribu indienne, deux frères se battirent. Leur père dut les séparer. Ils s'étaient battus parce que l'un accusait l'autre de lui avoir volé l'un de ses jouets. Le père les fit asseoir et leur offrit un morceau de viande séchée. Puis il leur dit: « Mes fils, laissez-moi vous conter cette histoire. Moi aussi, il m'arrive de ressentir de la colère contre d'autres personnes. Mais la colère finit toujours par épuiser celui qui l'éprouve. La colère ne blesse aucun ennemi. La colère est comme un poison que tu avales en espérant que l'autre se repente. »
Il poursuivit: « À l'intérieur de tout homme et de toute femme vivent deux loups. Le premier est bon avec moi et ne me fait jamais aucun tort. Bien au contraire, ce loup me donne de la force. Il est la plupart du temps aussi doux qu'un agneau. Il combat uniquement lorsque cela est nécessaire, lorsque cela est utile, et il le fait de manière juste. Et quand il combat, il le fait avec déter-

mination, mais jamais avec brutalité ni violence. C'est un loup à l'intelligence fine et subtile. C'est un loup sage et courageux. L'autre loup, lui, est empli de colère et d'agressivité. La plus petite chose qui survient dans son existence, le plus petit obstacle, la plus petite frustration le précipite dans des accès de rage. Il est capable de se battre contre n'importe qui, tout le temps, sans raison et sans que cela n'apporte rien de plus à sa vie. Il n'est pas capable de penser correctement et d'utiliser son intelligence, parce que sa colère l'aveugle. Il ne cherche pas à servir sa vie. Il cherche à détruire ceux qui lui ont fait du mal ou qui l'ont offensé. Il est parfois difficile de vivre avec ces deux loups à l'intérieur de moi, parce que tous deux veulent dominer mon esprit. »
Les deux jeunes frères regardèrent alors leur père dans les yeux.
« Lequel des deux l'emporte, père ? »
Le père sourit et répondit doucement : « Celui que je nourris. »

Il était une fois un capitaine qui avait une grande moustache noire, qu'il entretenait avec soin et dont il était très fier. Le capitaine aimait faire des blagues à ses nièces, des petites filles espiègles qui le lui rendaient bien. Un jour, ses nièces trouvèrent un vieux fromage bien coulant et très puant dans la cave du capitaine. Pendant la nuit, elles entrèrent dans la chambre du capitaine et badigeonnèrent sa moustache avec le fromage, si bien qu'une odeur répugnante se répandit aussitôt dans la chambre.

Au petit matin, lorsque le capitaine se leva, il ne put s'empêcher de grimacer : « Mais qu'est-ce que ça pue dans cette chambre ! », cria-t-il en se bouchant les narines. Puis il partit à la recherche de la cause de cette mauvaise odeur. Il se mit à renifler son oreiller : « Pouah... cet oreiller pue ! » Et il le jeta à la poubelle. Il fit de même avec les draps, avec un petit tapis et même avec son lit, qui puait lui aussi terriblement. Même les meubles sentaient mauvais et il eut envie de les jeter par la fenêtre. Il ouvrit la fenêtre pour essayer d'aérer la pièce. Mais quand il respira le bon air frais venu du jardin, il sentit encore cette même odeur répugnante. Le jardin avec ses jolies fleurs, les prairies avoisinantes, même la mer qu'on voyait au loin, tout cela puait affreusement. « Ce monde me dégoûte ! », cria-t-il. Et toute sa journée se passa ainsi jusqu'à ce qu'il se rende enfin compte du mauvais tour que lui avaient joué ses nièces et que la mauvaise odeur ne venait pas du monde, mais simplement de sa moustache* !

Un jour, il y eut une grande guerre entre deux grands royaumes du Japon. Dans chacun de ces grands royaumes, des milliers d'hommes et de femmes s'affrontèrent. Parmi eux, il advint de grands guerriers qui étaient des champions de la guerre et qu'on appelait des samouraïs. Et puis, de la même manière que le soleil du printemps fait fondre la neige et fleurir les cerisiers, la paix revint entre les deux royaumes. Une nouvelle ère commença.

* On doit cette histoire à Robert MacDonald.

Ceux qui avaient été de grands guerriers durent rendre leurs armes. L'un d'eux s'appelait Ishiro.
La guerre terminée, Ishiro ne savait plus que faire. Le matin quand il se levait, il ressentait l'envie de partir au combat. L'après-midi également, il ressentait l'envie de partir au combat. Et la nuit encore, il ressentait l'envie de partir au combat. Mais il n'y avait plus de guerre.
Ishiro sombra dans une terrible dépression. Il se mit à boire et devint colérique. Toute la journée, il se disputait avec sa femme, ses enfants, ses voisins. Le soir, il traînait dans les tavernes, buvait et se disputait avec les autres clients.
Il lui arrivait souvent de se battre. Il ne rentrait qu'à l'aube où il recommençait à se disputer avec sa femme, ses enfants et ses voisins. Ishiro n'apprit jamais à vivre en paix et cet éternel combat ne prit fin qu'à sa mort.

« Lorsque quelqu'un te met en colère,
sache que c'est ton jugement
qui te met en colère. »

Épictète

« La peur mène à la colère, la colère mène
à la haine, la haine mène à la souffrance. »

Maître Yoda

La colère naît dans trois types de situations : lorsque la situation est injuste, lorsqu'une autre personne se permet de faire des choses qu'elle n'a pas le droit de faire et lorsque l'un de tes désirs est frustré. La colère est destinée à te faire agir pour changer la situation. Tu dois rendre la situation plus juste, obtenir de la personne qui a agi contre toi qu'elle ne reproduise pas le même comportement et satisfaire ton désir. La colère est donc une énergie qui t'invite à changer le monde pour rétablir un équilibre.
Certaines personnes sont toujours en colère. Elles n'ont pas la vie qu'elles voudraient avoir. Mais elles ne font pas l'effort de changer le monde qui les entoure. Elles préfèrent être en colère. La colère est comme une drogue.
D'autres personnes sont toujours en colère, car elles ne savent pas éprouver d'autres émotions. Ces personnes sont des guerriers qui n'ont connu que la guerre et qui ne savent pas vivre en temps de paix, comme Ishiro. Il y a des moments où combattre les autres et le monde est inutile.
La colère est le signe que tu dois changer quelque chose dans ta vie ou dans tes relations avec les autres. Si tu ne changes rien, alors la colère va s'amplifier jusqu'à te consumer. Mais si la colère est un signe, elle ne doit jamais constituer ni un moyen, ni une fin. On ne parvient à changer le monde que par le travail et le dialogue. Et si le monde ou les gens que tu côtoies ne changent pas et que ta colère demeure présente, alors tu dois partir et t'éloigner de la source de ta colère. Tu trouveras la paix loin d'eux.

« La colère signifie trois choses :
– Je veux plus que tout quelque chose
que je n'arrive pas à avoir.
– Je me raconte que quelqu'un
devrait me la donner.
– Je m'apprête à me comporter d'une manière
qui m'assure que je ne l'aurai pas. »

Marshall B. Rosenberg

La colère a trois niveaux de puissance.

• Le premier niveau de puissance de la colère est la contrariété. Tu te sens irrité par une personne ou une situation. Ton cœur s'accélère légèrement. Tu sens monter en toi une pointe d'agressivité.

• Le deuxième niveau de puissance de la colère se nomme la colère. Ton cœur s'accélère franchement. Tu sens une tension dans ses muscles. Ton visage commence à se teinter de rouge. Tu sens quelque chose dans son ventre, comme une boule. Tu es agressif. Tu as envie de te disputer. Tu prononces des mots désagréables et des paroles acerbes pour blesser et vexer.

• Le troisième niveau de puissance de la colère est la rage. Tu perds alors le contrôle de toi. Les mots sortent sans que tu penses aux conséquences. Tu ressens le désir de détruire. Ton esprit se voile, tes comportements et tes réactions deviennent irrationnels. Tu peux alors commettre des actes de violence contre autrui. Tes muscles sont tendus à l'extrême. Ton visage est rouge. Ta mâchoire est serrée. C'est la réaction d'une bête blessée. La rage peut te conduire à commettre des actes irréparables, d'une violence extrême.

Il était une fois une petite fille qui n'était jamais contente et se plaignait en permanence. Un jour, sa maman lui donna un sachet de punaises. Elle lui dit: « Prends ces punaises et chaque fois que tu te mettras en colère, plantes-en une dans cette planche de bois. »
Le soir venu, la petite fille avait planté quarante-deux punaises dans la planche. Les jours passèrent et la petite fille plantait chaque jour moins de punaises. Elle avait compris que planter une punaise dans un bois dur était plus difficile que de se mettre en colère.
Un jour, la petite fille parvint à conserver son calme toute une journée. Elle n'eut plus aucune raison de planter de punaises dans la planche de bois. Sa maman lui demanda alors de retirer chaque punaise qu'elle avait plantée dans la planche de bois.
La petite fille obéit et retira toutes les punaises. Elle appela alors sa mère qui lui dit: « C'est très bien, mon enfant, approche maintenant et regarde tous ces trous: les punaises ont laissé des traces qui ne pourront jamais disparaître. »

Dans la vie, il se passe la même chose. Lorsque tu dis des choses sous le coup de la colère, dis-toi que c'est comme une punaise que tu plantes dans le cœur d'une

personne. Tu peux toujours la retirer, il restera toujours un trou. Tu pourras regretter ce que tu as dit, t'excuser, la blessure restera pour toujours. La prochaine fois, avant de laisser la colère t'envahir, repense à ces punaises, à leur pointe et aux blessures qu'elles laisseront dans le cœur des gens que tu aimes.
Le problème de la colère est qu'elle nous conduit à réagir de façon inadéquate ou disproportionnée par rapport à une situation. Elle concourt à bloquer la communication avec les personnes impliquées. S'il existe un conflit, la colère va t'amener à blesser ton interlocuteur en prononçant à son encontre des mots vexants. Si la personne est blessée, alors elle n'aura aucune envie de résoudre le conflit. Voilà pourquoi il ne faut pas parler ou réagir sous l'effet de la colère. Il faut attendre qu'elle se dissipe.

« Tu as l'avantage sur la colère quand tu te tais. »

Proverbe égyptien

Lorsque la colère vient en toi, ne cherche pas à la contrôler. Observe-la se répandre dans ton corps. Tu verras, elle part du ventre puis se répand partout. Laisse-la t'emplir totalement en l'observant comme un spectateur qui contemple la beauté d'une tempête ou d'un torrent dévastateur. Regarde comme elle modifie tes perceptions, tes sentiments, ton attitude, ta posture, ton regard, ta physiologie. Observe en silence sans bouger et apprends de toi-même, car c'est une leçon de sagesse que la colère te donne à ce moment-là.

Maintenant, cherche à comprendre pourquoi tu as éprouvé cette colère. T'es-tu senti trahi ? As-tu rencontré une situation que tu as vécue comme injuste ? Quelqu'un t'a-t-il privé de la satisfaction de l'un de tes désirs les plus chers ? Une personne a-t-elle reproduit un geste qui te met en colère ? Cherche à comprendre et à verbaliser sous la forme d'une seule phrase pourquoi tu as éprouvé cette colère. Dis : « J'ai éprouvé de la colère parce que... » Et ainsi tu auras compris quelle était l'origine de cette tempête.

Ensuite, trouve une situation contraire à celle que tu as rencontrée à ce moment-là. Par exemple, si quelqu'un t'a menti, pense au jour où quelqu'un t'a dit la vérité. Si quelqu'un a commis une injustice à ton égard, pense à une personne qui s'est montrée juste à ton égard. Si quelqu'un t'a empêché de satisfaire tes désirs, pense à une personne qui les a pleinement satisfaits. Lorsque tu auras trouvé cette situation, penses-y très fort. Tu devrais alors ressentir une profonde sérénité et un profond bien-être.

Contrôle ton esprit et oriente ton attention vers ce souvenir qui t'a conduit hier à éprouver de la sérénité. Tu découvriras alors que tu es maître de tes émotions. Par le pouvoir du souvenir, tu peux modifier les émotions qui te traversent. Tu peux provoquer en toi la colère ou la sérénité en fonction de ce que tu désires obtenir. Les jours suivants, amuse-toi à faire venir la colère et à la faire partir. Amuse-toi à faire venir en toi la joie et la sérénité et à les faire partir. Et ainsi tu apprendras à maîtriser tes émotions.

La colère est comme un feu qui brûle. Ce feu peut être destructeur ou, au contraire, devenir une source d'énergie extraordinaire. Pense au feu qui fait avancer ta voiture, rouler les trains et voler les avions. Sans le feu, rien ne serait possible. Eh bien, sans la colère, certains changements seraient impossibles. Prends le feu de la colère, canalise-le en toi et oriente-le vers une transformation positive de ta vie. Tu verras, la colère au lieu d'être l'énergie de la destruction deviendra l'énergie de la transformation.

Peut-être qu'il t'arrive de mettre d'autres personnes en colère. Quand c'est le cas, interroge-toi sur tes propres comportements. Les hommes et les femmes réagissent différemment aux situations. Si tu répètes un acte qui met en colère une personne, c'est que ton acte n'est pas juste. Tu peux penser que cette personne ne devrait pas se mettre en colère pour cette raison. Tu peux considérer cette raison comme n'en étant pas une. Ne juge pas, contente-toi de modifier ton comportement.

« Qui apaise la colère éteint un feu ;
qui attise la colère sera le premier à périr
dans les flammes. »

Hazrat Ali

Un conférencier en psychologie propose lors d'un séminaire un cours sur les émotions:
— Aujourd'hui, je vais vous présenter les différents stades de la colère, dit-il. Puis il prend son téléphone portable, compose un numéro au hasard et dit:
— Bonjour Monsieur, je souhaiterais parler à Georges, s'il vous plaît?
— Vous avez dû faire une erreur de numéro, je ne m'appelle pas Georges.
Il regarde les participants de la conférence et ajoute:
— Voici la phase de la contrariété.
Il reprend son téléphone et compose de nouveau le numéro. Le monsieur, un peu contrarié, répond:
— Vous venez d'appeler, je vous ai indiqué que je ne m'appelais pas Georges. Je ne connais personne qui se prénomme Georges!
Le conférencier recommence ensuite une troisième fois, puis une quatrième, et une cinquième... jusqu'au moment où le monsieur, en colère, finit par le traiter de tous les noms. Il se tourne vers l'auditoire et commente:
— Voici maintenant le stade de la colère. Mais il existe encore un stade supérieur.
Il reprend son téléphone portable et compose de nouveau le numéro.
— Bonjour Monsieur, je suis Georges. Quelqu'un aurait-il appelé pour laisser un message?

Si je te mets en colère, viens me le dire immédiatement. Je m'excuserai aussitôt et j'arrêterai de me comporter comme je l'ai fait. Sans doute, que je n'aurais pas fait attention ou que je ne croyais pas mal faire. Tu sais, on ne sait pas toujours comment il faut se comporter. On peut commettre des erreurs ou des impairs. Je veux ton bien par-dessus tout. Aussi, je ne veux pas que tu sois en colère. Car je sais que la colère est mauvaise pour la santé. J'ai envie de te voir serein et en paix.

Refuser de l'aide

J'ai beaucoup de respect pour toi, car je sais qu'en ce moment tu traverses une période délicate de ta vie. Je sais que tu tiens absolument à t'en sortir tout seul, sans même recourir à l'aide de tes proches... Voilà ce que j'aimerais te dire cependant, pour que tu ouvres ton cœur et acceptes l'aide précieuse qui t'est offerte. Je voudrais d'abord te raconter cette histoire.

Aux confins de l'Inde, dans le royaume d'Agra, le jeune Aladin mène la vie insouciante d'un gamin des rues. Au lieu de demander l'aumône, il préfère voler ce qu'il lui faut pour manger sur les étals du marché. La cité est dirigée par un sultan dont la fille, princesse du royaume, attend de rencontrer l'amour pour se marier. Elle repousse chaque jour les riches princes qui viennent la demander en mariage pour hériter en retour du riche royaume de son père. Un jour, afin de découvrir l'extérieur du palais où elle vit recluse depuis qu'elle est enfant, la princesse décide de s'échapper et de s'aventurer dans la ville. Elle s'attire alors des ennuis auprès de soldats. Elle est sauvée *in extremis* par le jeune Aladin. Tandis qu'Aladin fait découvrir sa vie à la princesse, le grand vizir reconnaît en Aladin le « diamant d'innocence » qui lui

permettrait d'accaparer la lampe merveilleuse cachée dans une caverne secrète.
Le grand vizir déguisé en mendiant convainc Aladin de venir avec lui jusqu'à la caverne. Il envoie Aladin chercher une lampe à huile. Mais son singe apprivoisé ne peut résister à l'envie de dérober un joyau, ce qui provoque l'effondrement de la caverne. Aladin se retrouve alors enfermé dans le noir au plus profond d'une caverne perdue dans le désert. Étant dans le noir, il essaie alors d'allumer la lampe à huile et la frotte avec une étoffe. C'est alors qu'apparaît un génie flamboyant, à la fois drôle et puissant, qui lui propose d'exaucer trois vœux. Le génie va sauver Aladin, le rendre riche, l'aider à triompher du grand vizir et, finalement, il pourra vivre une histoire d'amour avec la princesse, séduite par ses sentiments sincères. Le dernier de ses vœux lui servira à rendre sa liberté au génie qui l'a si bien servi.

Parmi les personnes qui t'entourent, comme dans l'histoire d'Aladin, se cachent des génies qui ont le pouvoir de rendre ta vie plus facile. Il suffit pour cela d'oser leur demander de l'aide. Apprends à demander de l'aide, et tu seras alors surpris par le temps et l'énergie que les autres sont capables de te consacrer. La nature est ainsi faite que les êtres humains préfèrent aider que d'être aidés. Aussi, il est très facile d'obtenir de l'aide lorsque l'on est dans la difficulté ou lorsque l'on veut atteindre un objectif difficile.

« Aider le blessé et le faible, c'est ce qui différencie l'homme de l'animal. »

Hugo Pratt

L'ennemi du bonheur et de la réussite est toujours l'ego. Mais qu'est-ce que l'ego exactement ? L'ego est cette partie de soi qui tient absolument à exister et à maîtriser. Lorsque tu rencontres une difficulté, ton ego se révolte. Au début, il essaie de surmonter cet obstacle seul, car il veut se prouver sa puissance. Mais s'il n'y parvient pas, il peut s'entêter à essayer de résoudre un problème seul, alors que cela est impossible. Demander de l'aide, c'est accepter sa faiblesse et sa fragilité. C'est accepter sa condition humaine.

« Un homme n'est jamais si grand que lorsqu'il est à genoux pour aider un enfant. »

Pythagore

Les êtres humains sont naturellement bons. Mais parfois, ils ne voient pas que tu es en difficulté. Ils ont peur de t'embêter ou de te vexer en te proposant leur aide. Ils craignent que tu leur dises : « Occupe-toi de tes affaires, je me débrouille très bien tout seul ! » N'aie pas peur de solliciter l'aide d'autrui. Car il n'est pas de plus grand honneur que tu puisses faire à un ami, pas de plus grande preuve de confiance que tu puisses lui donner que de lui ouvrir ton cœur en difficulté pour solliciter son appui et son conseil.

Aider donne du sens à sa vie. Y a-t-il chose plus belle que de voir un autre être humain échapper à un danger ou résoudre un problème délicat grâce à notre intervention ? Lorsque tu vois une personne qui va bien ou mieux grâce à toi, n'éprouves-tu pas une satisfaction immense ? Ne refuse pas ce privilège, ce plaisir et cet honneur aux gens que tu aimes. Laisse-les être quelqu'un qui compte dans ta vie. Laisse-les avoir une influence positive sur ta vie. Si tu fais cela, alors tu les rendras heureux.

« Vivre, c'est aider à vivre. Il faut créer d'autres bonheurs pour être heureux ! »

Raoul Follereau

Certaines personnes refusent de l'aide, car elles ne veulent pas se sentir redevables. Accepter l'aide de quelqu'un, c'est quelque part accepter l'idée qu'un jour on aura à rendre la pareille. C'est comme une dette ! D'autres refusent d'aider parce qu'elles ont le sentiment que celui qui demande de l'aide est faible. C'est exactement le contraire. Celui qui demande de l'aide est fort. Il est fort, car il est intelligent. Il sait que l'Homme est un animal social, un être de relation et de coopération.

> Une femme marchait dans la rue. Comme elle ne prenait pas garde, elle tomba dans une bouche d'égout qu'on avait négligemment oublié de refermer.
> Une religieuse qui passait par là lui cria : « Madame, vous avez dû commettre un péché. Voulez-vous que je vous entende en confession ? »

Une scientifique calcula la largeur et la profondeur de la bouche d'égout, ainsi que la vitesse de chute.
Une journaliste l'interviewa pour savoir où elle avait mal, ce qui l'avait conduit à tomber, et chercha à identifier les responsables.
Une avocate lui proposa d'attaquer les responsables en justice pour obtenir des dommages et intérêts.
Un assureur chercha à lui vendre une protection juridique pour pouvoir attaquer les responsables de cette situation.
Une adepte du bouddhisme et de la médiation transcendantale lui dit: « Cette bouche d'égout est seulement dans ton esprit, comme ta douleur. »
Une doctoresse lui lança une plaquette de puissants antidouleurs.
Une psychanalyste lui suggéra que c'était sans doute un acte manqué, une pulsion inconsciente qui l'avait poussée à tomber dans cette bouche d'égout.
Un thérapeute lui proposa son aide pour la guérir de sa compulsion à tomber dans les bouches d'égout et de la phobie qui naîtrait de cet accident.
Un optimiste ajouta: « Vous avez seulement mal, vous avez de la chance, vous auriez pu vous blesser gravement en tombant ».
Un pessimiste ajouta: « Cette chute n'est que le début d'une longue série de problèmes... ».
Puis un enfant passa dans la rue et lui tendit la main.

Si tu dois un jour demander de l'aide, ne cherche pas forcément quelqu'un de compétent. Cherche plutôt un être humain qui, sensible à ta difficulté, aura à cœur de t'aider. Un bon aidant est d'abord une personne humble, qui a pour motivation première de se mettre au service des autres. Recevoir de l'aide, c'est d'abord recevoir de la compassion, puis se mettre en action pour trouver une solution concrète à ses problèmes. C'est ainsi que l'on parvient à résoudre les difficultés de la vie.

« À l'aide, j'ai besoin de quelqu'un.
À l'aide, pas simplement n'importe qui.
À l'aide, tu sais que j'ai besoin de quelqu'un,
à l'aide !
Quand j'étais jeune, bien plus jeune qu'aujourd'hui,
je n'ai jamais eu besoin de l'aide
de qui que ce soit, en aucune façon.
Mais maintenant cette époque est révolue,
je n'ai plus la même assurance.
Maintenant, je trouve que j'ai changé
ma façon de voir les choses et j'ai fait en sorte
que des portes se soient ouvertes. »

Les Beatles
« Help »

« Pour incendier une forêt,
il faut l'aide du vent. »

Proverbe tibétain

En plein hiver, une maîtresse d'école aide les enfants à s'habiller avant d'aller dans la cour de récréation. Un des enfants a du mal à enfiler ses bottes. Après avoir poussé, tiré, repoussé et retiré dans tous les sens, les bottes sont enfin mises. L'enfant dit alors:
— Elles sont à l'envers, maîtresse.
Remarquant qu'elle a effectivement inversé les pieds, la maîtresse d'école retire les bottes. Elles sont d'autant plus difficiles à retirer qu'elle a mis du temps à les enfiler. Une fois qu'elle les a enlevées, elle les remet au bon pied. L'enfant lui dit cette fois:
— En fait, maîtresse, ce n'est pas mes bottes!
La maîtresse étouffe la colère qui monte en elle et, reprenant son calme mis à rude épreuve, lui répond:
— Pourquoi ne me l'as-tu pas dit plus tôt?
L'enfant, qui a remarqué que sa maîtresse était contrariée, ne répond pas. Il la laisse lui retirer de nouveau avant d'ajouter:
— En fait, ce ne sont pas mes bottes. Ce sont celles de mon frère, mais maman m'a dit que je devais les mettre.
La maîtresse a les larmes aux yeux. Elle prend une profonde inspiration et s'échine à remettre les bottes à l'enfant, toujours avec autant de mal. Mission accomplie! Puis elle aide l'enfant à mettre son manteau, enroule son écharpe autour du cou et lui demande:
— Où as-tu mis tes gants?
— Pour éviter de les perdre, répond l'enfant, je les ai mis dans mes bottes.

Je suis là. Donc si tu as besoin d'aide, fais-moi signe. Je ne te jugerai pas, je ne chercherai pas à diriger ta vie, je m'abstiendrai de vouloir te faire faire des choses que tu ne désires pas. J'accepterai cette mission avec humilité. Mais je ferai tout pour t'aider, car tu comptes beaucoup pour moi, et l'une des choses les plus importantes à mes yeux est que tu sois heureux. Donc si tu es dans la difficulté, tu as mon numéro, mon e-mail, mon Skype, mon Snap, mon Facebook... Appelle et je te répondrai !

Être confronté à un problème difficile

Lorsque je t'ai vu, tu te trouvais devant un problème très difficile à résoudre, au point que tu te sentais impuissant. Voilà ce que j'aurais aimé te dire, pour t'amener à imaginer de nouvelles solutions et sortir de cette impasse. J'aurais sans doute commencé par te raconter cette histoire.

Il y a très longtemps, au pays des montagnards, dans un village, un fermier très pauvre devait rembourser une dette très importante à un vieil usurier très laid. Le fermier était le père d'une très jolie fille qui plaisait beaucoup au vieil usurier. Ce dernier proposa donc un marché au fermier. Il considérerait sa dette comme remboursée s'il pouvait épouser sa fille. Le fermier et sa fille refusèrent tout d'abord cette proposition. Alors, le vieil usurier qui était aussi très malin proposa que le hasard décide de leur destinée.
Il placerait une pierre blanche et une pierre noire dans un sac. La fille devrait choisir la pierre au hasard et il y avait trois résultats possibles :

1. Si elle choisissait la pierre noire, elle devrait épouser le vieil usurier et la créance de son père serait annulée.
2. Si elle choisissait la pierre blanche, elle n'aurait pas à l'épouser et la créance de son père serait annulée.
3. Si elle refusait de choisir une pierre, son père serait arrêté et jeté en prison.

Autant dire que la jeune fille et son père n'avaient d'autre choix que de participer à ce jeu pervers.
Contraints et forcés, le fermier et le vieil usurier acceptèrent et, tout en continuant les palabres, le vieil usurier ramassa sur le chemin deux pierres qu'il jeta dans un sac. La jeune fille remarqua qu'il avait ramassé seulement deux pierres noires. Mais elle ne dit rien. Le vieil usurier tendit à la jeune fille le sac en lui demandant de choisir une pierre. Que pouvait-elle faire pour se sortir de ce mauvais pas ? Si vous aviez été à sa place, qu'auriez-vous fait ?

1. La fille aurait pu refuser de prendre une pierre au risque de voir son père jeté en prison.
2. La fille aurait pu prendre les deux pierres pour dénoncer la tromperie du vieil usurier, mais le vieil usurier les aurait alors dénoncés à la police et son père serait emprisonné.
3. La fille aurait dû prendre la pierre noire sans rien dire et accepter d'épouser le vieil usurier pour éviter la prison à son père.

Qu'auriez-vous fait à la place de la jeune fille ? Voici ce qu'elle fit : elle glissa sa main dans le sac et en sortit une pierre qu'elle laissa s'échapper aussitôt sur le chemin, gauchement, sans qu'on ait pu le voir. La pierre se confondit avec la multitude des autres pierres sur le sol : « Ah ! Ce que je peux être idiote, s'exclama la jeune fille. Mais ce n'est pas grave. Si je sors du sac la pierre qui reste, on verra laquelle j'avais prise en premier ! » Puisque la pierre restante était noire, la première pierre était donc forcément blanche. Le vieil usurier n'osa pas révéler sa ruse et la jeune fille retourna cette situation désespérée à son avantage... La dette de son père fut annulée et elle n'épousa pas le vieil usurier.

Même si tu te trouves face à un problème qui te paraît insoluble, pense qu'il existe toujours un moyen de retourner la situation à ton avantage. Des situations les plus désespérées, tu peux ressortir gagnant. Cela nécessite de faire preuve d'imagination et de créativité, cela nécessite de tirer parti de toute ton intelligence (et parfois de celle de ton entourage – à plusieurs on est plus intelligents), mais dis-toi que c'est possible. Il te faut juste suffisamment de temps pour trouver la bonne réponse.

Première énigme : chaque jour de la semaine, un homme passait trois fois la frontière avec son âne. L'âne était chargé de deux sacoches pleines de pierres sans valeur. Le douanier le fouillait et ne comprenait pas pourquoi l'homme devenait de plus en plus riche. Il était certain qu'il trafiquait quelque chose... À ton avis, de quoi l'homme faisait-il le trafic ?

Réponse : *il faisait le trafic d'ânes.*

Si tu es d'accord, imagine que tu marches sur un chemin. Ce chemin pénètre dans une forêt noire et sombre de sapins. Les sapins sont si rapprochés qu'ils ne laissent pas passer la lumière. De cette forêt, il se dégage quelque chose de malsain, qui te met mal à l'aise. Tu es encerclé par des milliers de sapins sombres et menaçants. Ces sapins sombres et menaçants représentent le problème auquel tu es confronté. Tu ne vois rien à cause des sapins. Ton avenir semble aussi bouché que cette forêt noire.

Tu marches et tu parviens soudain dans une jolie clairière. Le sol est tapissé d'herbe verte et de fleurs multicolores. Des papillons violets volent partout. Au-dessus de cette forêt, le ciel est bleu. Au centre de la clairière, une montgolfière t'attend. Le ballon tout rouge, gonflé d'air chaud est prêt à partir. *Let's go !* Tu bondis dans la nacelle et jettes l'ancre. C'est parti ! Quelle sensation de légèreté au moment où le ballon décolle au milieu des arbres. Tu cries de joie, réveillant tous les oiseaux qui se mettent à chanter.

La montgolfière s'élève. Elle remonte le long des troncs noirs hérissés de branches épineuses. Plus tu montes et plus il y a de lumière. Le soleil emplit le ciel de sa lumière chaude. Dans ta tête, tu sens que tout s'éclaire. Te voilà à la cime des arbres. D'ici, tu vois toute la forêt. Elle est à la fois immense et minuscule vue d'en haut. Tu décroches tous les poids qui ralentissent le ballon et aussitôt la montgolfière s'élève rapidement. Ce n'est pas une montgolfière, c'est un vaisseau spatial, direction la galaxie des solutions.

La montgolfière poussée par les vents t'emporte vers ta destinée au-dessus des forêts, des lacs et des prairies, passant par-dessus les montagnes et les gouffres. Tu es maintenant très loin de la forêt originelle. Tout autour, le paysage est magnifique. Tes yeux se portent vers l'horizon. Le vent te porte près de la mer. Le vent tiède souffle doucement et caresse tes épaules. Tu contemples la beauté du monde qui s'étale sous tes pieds. Au loin bizarrement, un arc-en-ciel fait le pont entre le ciel et la terre.

Le problème auquel tu étais confronté, qui semblait signifier la fin de tout, n'était en fait qu'un minuscule obstacle sur le long chemin de ta vie. Et ta vie sera longue et belle. Et tu seras heureux et tu réussiras, car tu es plein de ressources, de talents et d'intelligence. Si tu te trouves face à un mur infranchissable, creuse un trou pour passer en dessous, si tu es perdu, trouve une boussole, si tu es tombé dans un trou escalade ou construis-toi une échelle. Dans tes mains se trouve le pouvoir de créer ta solution*.

***« Il n'y a pas de problèmes ;
il n'y a que des solutions.
L'esprit de l'homme invente ensuite le problème.
Il voit des problèmes partout. »***

André Gide

* Ce texte est extrait de mon livre *L'hypnose : la clef du bonheur* (2017).

« Un problème sans solution est un problème mal posé. »

Albert Einstein

Un jour, trois jeunes filles vinrent trouver une femme qui était très sage.

— Nous avons un problème avec l'une de nos amies dirent-elles. Elle est autoritaire, agressive, et n'accepte aucune contradiction. Nous en avons assez d'elle.

— Il faut lui en parler, dit la première jeune fille. Nous allons lui dire gentiment que sa façon d'agir nous gêne. Nous allons ensuite la convaincre de changer son caractère. Et si ça ne fonctionne pas, nous nous montrerons plus dures avec elle. Nous ne laisserons plus rien passer. Quitte à être agressives à notre tour.

— J'ai peur, dit la deuxième jeune fille, que ça ne crée un conflit. J'avoue que je n'aime pas trop les conflits. Il est préférable de les éviter, car c'est épuisant.

— Et puis c'est notre amie, dit la troisième jeune fille. Pour moi, nous ne devons pas essayer de la changer. Nous devons l'accepter telle qu'elle est.

— Vous avez raison toutes les trois, dit la femme. Affronter quelqu'un pour essayer de le changer n'est pas une bonne chose. Car si cela ne fonctionne pas, vous risquez de vous transformer en bourrelles. Il convient de lâcher prise et de choisir une autre tactique : l'évitement, l'éloignement ou la fuite.

— Je ne suis pas d'accord, dit la première jeune fille. Fuir, c'est lâche. Et cela ne l'aidera pas à prendre conscience de ses défauts.
— Si c'est la crainte de l'affrontement qui t'amène à fuir, dit la femme, tu as raison de penser cela. Mais si tu as tout essayé pour changer les choses et que cela ne fonctionne pas, continuer à se confronter n'a aucun sens. L'évitement devient un bon choix. Et il y a encore une troisième option : l'acceptation. Lorsqu'on ne peut ni modifier ni éviter une réalité désagréable, il faut apprendre à l'accepter.
— C'est de la résignation, dit la deuxième jeune fille. Je ne suis pas d'accord avec cela. Car la persévérance paie toujours.
— Accepter, ce n'est pas se résigner, dit la femme.
— Quelle est la différence ? demanda la troisième jeune fille.
— Si tu ne peux ni changer les choses ni les éviter, dit la femme, il faut te changer toi. Modifie ce que tu attends de la situation, apprends à accepter et à aimer les choses telles qu'elles sont. C'est une preuve de courage et d'intelligence que d'être capable de réaliser cela.
— Chaque fois qu'une réalité ne correspond pas à notre idéal, nous avons le choix entre ces trois postures ? demanda la deuxième jeune fille.
— Oui, dit la femme. Vous avez le choix entre la confrontation, l'évitement et l'acceptation. Ou leur côté obscur : la violence, la fuite et la résignation. À vous de décider.

Deuxième énigme: il suffit d'un oui ou d'un non pour qu'elles se séparent? De quoi s'agit-il?

Réponse: *les lèvres.*

Troisième énigme: j'ai peu de force, mais beaucoup de pouvoir. Je garde les taudis comme les palais. Mais si mon maître part, il faut s'assurer qu'il m'emmène avec lui.

Réponse: *la clé.*

Lorsque tu es confronté à un problème difficile dans ta vie, change de posture. Rappelle-toi quand tu jouais, enfant, à des énigmes. Souviens-toi du plaisir que tu prenais à ces jeux. C'était drôle et excitant – parfois insupportable quand tu n'arrivais pas à trouver la solution. La vie est un jeu. Si tu la considères avec légèreté, si tu acceptes de ne pas dramatiser le moindre événement qui survient dans ta vie pour te raconter des histoires, alors tu trouveras le plaisir qu'il y a à être confronté à des problèmes.

Quatrième énigme: une jeune femme mariée, délaissée par un mari trop pris par son métier, se laisse séduire et va passer la nuit chez son amant, dans une maison située de l'autre côté de la rivière. Pour rentrer chez elle, le lendemain matin, avant le retour de son mari qui rentre de voyage, elle doit retraverser le pont. Mais un fou lui interdit le passage. Elle court trouver un passeur et lui demande de lui faire traverser la rivière en bateau. Elle n'a pas d'argent. Elle explique et supplie. Il refuse de travailler sans être payé d'avance. Elle va alors trouver son aman, qui refuse de lui prêter de l'argent, sans la moindre explication. Elle va trouver un ami célibataire qui habite du même côté et qui lui voue depuis toujours un amour idéal, mais à qui elle n'a jamais cédé. Elle lui raconte tout et lui demande de l'argent. Il refuse : elle l'a déçu par sa conduite. Elle décide alors, après une nouvelle tentative auprès du passeur, de passer le pont. Le fou la tue. Qui est responsable ?

sans doute ou n'a pas fait suffisamment attention ». Alors que le problème venait peut-être de la route, mal entretenue, de sa voiture de mauvaise qualité ou avec des freins défaillants ou encore d'un animal sauvage ayant surgi de nulle part. Si l'accident est survenu, ce n'est pas seulement à cause de la personne, mais du fait d'une multitude de causes.

Si tu es devant un problème difficile, cherche sa cause autant dans les personnes que dans les circonstances. Ce sont souvent les circonstances qui façonnent les décisions des gens. Il faut penser la situation comme un système sans juger les personnes et observer froidement ce que ce système engendre comme problème. En modifiant les circonstances, tu peux influencer les personnes positivement et résoudre leur problème.

Réponse : *la majorité des gens disent que c'est la femme. D'autres désignent l'amant, ou le fou, ou encore le passeur. Si tu es dans ce cas, tu commets la même erreur que ces gens. Tu commets ce qu'on appelle en psychologie l'« erreur fondamentale d'attribution », qui consiste à imputer la responsabilité d'un événement ou d'une situation à des personnes plutôt qu'au contexte dans lequel se trouvent ces personnes. Par exemple, une personne a un accident de la route. Il sera tentant de penser : cette personne est responsable. Elle roulait*

Stratégies obliques est un jeu de cartes créé par Brian Eno et Peter Schmidt en 1975. Chaque carte porte une formule qui peut ouvrir sur différentes interprétations. L'objectif du jeu est de relancer le processus créatif lorsque surviennent des blocages. J'ai tiré pour toi six cartes**.

- Carte n° 1 : est-ce fini ?
- Carte n° 2 : la bande est la musique.
- Carte n° 3 : gradations infinitésimales.
- Carte n° 4 : jouissance idiote (?)
- Carte n° 5 : la chose la plus importante est la plus aisément oubliée
- Carte n° 6 : court-circuit (prend le chemin le plus court).

---

* Tu peux tirer une autre carte sur http://www.davidrolo.com/photo/strategies-obliques/

Si tu rencontres un problème difficile, commence par penser à ce que la situation serait si le problème s'aggravait encore davantage. Si le problème devenait encore plus grave, que se passerait-il ? Derrière le mot « problème » se cache souvent « un changement ». Et ce changement est parfois impossible à empêcher. En laissant le changement advenir d'abord dans ton esprit, tu le laisseras d'autant plus facilement advenir dans la réalité. Alors ton problème disparaîtra, car tu l'auras laissé devenir autre chose.
Si tu veux résoudre un problème, commence par identifier les causes du problème. Pour cela, utilise la technique des « cinq pourquoi ». Cette technique consiste à poser cinq fois la question « Pourquoi ? », afin d'identifier la cause profonde d'un problème. En écrivant ce livre, il m'est arrivé une mésaventure. Je marchais dans la rue et j'ai trébuché sur une petite marche. J'ai fait un vol plané de plusieurs mètres et je me suis retrouvé allongé sur le sol en plein milieu de la rue, ce qui a fait rire un enfant et fait peur à une vieille dame.

- Pourquoi suis-je tombé ? *Parce que je n'ai pas fait attention.*
- Pourquoi n'ai-je pas fait attention ? *Parce que j'étais préoccupé par mon travail ?*
- Pourquoi étais-je préoccupé par mon travail ? P*arce que je suis en train d'écrire un livre passionnant sur le développement personnel.*
- Pourquoi suis-je train d'écrire ce livre ? *Parce que j'y prends beaucoup de plaisir.*

• Pourquoi j'y prends beaucoup de plaisir ? *Parce que cela me rend heureux d'aider les autres et de leur apporter des solutions.*

Dans cet exemple, l'analyse des causes m'a ramené à ma passion pour l'écriture, qui est une chose que je ne voudrais changer sous aucun prétexte. Alors je dois simplement accepter de tomber de temps en temps, de faire rire les enfants et de faire peur aux vieilles dames. Toutefois, si l'analyse des causes m'avait ramené à un élément négatif, comme le stress ou la fatigue, alors j'aurais dû changer des choses dans ma vie. J'aurais dû davantage me reposer pour réduire mon stress et ma fatigue. Un problème peut appeler un changement.

« "Aventure" est juste un nom romantique pour "problème". »

Louis L'Amour

1+1 = 3. Si tu as besoin d'aide pour résoudre un problème difficile, appelle-moi. On prendra le temps de regarder les choses calmement autour d'un café serré. Je te donnerai mon point de vue, mon opinion. Peut-être que j'aurai même l'audace de te donner des conseils. Mais n'oublie jamais : la solution se trouve toujours en toi. Souvent, on la connaît à l'avance, mais on a du mal à l'accepter ! Fais confiance à ton intuition. C'est totalement irrationnel, mais c'est souvent ainsi qu'on prend les meilleures décisions.

Perdre confiance en soi

Te connaissant bien à présent, je sais qu'il t'arrive de perdre confiance en toi. Et parce que je sais quelle personne tu es vraiment, j'ai envie de te dire ce que je ressens, te dire tout ce potentiel extraordinaire qui est en toi et qui fait ta grandeur à mes yeux. La prochaine fois je te dirai ces choses et sans doute commencerai-je par te raconter cette histoire très ancienne.

Une très ancienne légende indienne raconte qu'il y eut une époque où tous les hommes étaient des dieux et les femmes des déesses. Mais ils abusèrent de leur pouvoir et Brahma, le roi des dieux, choisit de le leur retirer. Pour les mettre au défi de la patience et de la sagesse, il décida de cacher ce pouvoir dans un lieu où il serait impossible de le retrouver. Mais les dieux et les déesses voyaient tout. Ayant du mal à trouver une cachette, Brahma consulta les plus avisés de ses conseillers.
Le premier proposa: «Tu devrais cacher le pouvoir divin des hommes et des femmes au plus profond de la terre.» Mais Brahma répondit: «Les hommes et les femmes creuseront, et ils le trouveront.»

Le second suggéra : « Nous pourrions jeter leur pouvoir divin dans la mer la plus profonde. »
Mais Brahma répondit : « Non, car il arrivera un jour où les hommes et les femmes partiront explorer le fond des mers. Et à ce moment-là, ils le trouveront. »
Ses dieux conseillers ne savaient pas où Brahma pouvait cacher le pouvoir divin des hommes et des femmes, car ces derniers étaient très curieux et très déterminés : « Nous ne savons pas où cacher ce pouvoir, avouèrent-ils à Brahma. Il semble qu'il n'existe aucun lieu que les hommes et les femmes ne penseront pas à explorer. »
Alors Brahma dit : « Nous allons cacher la divinité des hommes et des femmes dans un lieu où ils n'auront jamais l'idée de la trouver : nous la cacherons au plus profond d'eux-mêmes. »
On raconte que, depuis cette époque reculée, les hommes et les femmes font le tour de la terre à la recherche de leur pouvoir divin. Ils ont exploré le monde et même la surface de la lune, gravi les plus hautes montagnes et plongé aux plus profonds des mers et des océans, à la recherche d'un trésor qui se trouve en réalité enfoui en eux-mêmes*.

Sophie vient d'obtenir une promotion à son travail. Elle est heureuse et fière, car c'est grâce à toute l'énergie qu'elle a déployée pour son entreprise qu'elle est récompensée. Néanmoins, d'autres salariés ne voient pas

* Cette histoire est inspirée du livre *Discover the Power Within You*, d'Eric Butterworth (2000)

la situation du même œil. Plutôt que de partager son bonheur et sa joie, rongés par la jalousie et l'envie, les voilà qui se mettent à colporter d'affreuses rumeurs sur le compte de Sophie: « Elle a eu le poste parce qu'elle a de jolis yeux. Cela ne m'étonnerait pas qu'elle couche avec le patron ! Promotion canapé ! Elle n'a pas le diplôme requis ! Elle n'a pas suffisamment d'expérience ! Elle va échouer ! Savez-vous la bêtise qu'elle a commise un jour ? Et elle n'a même pas été sanctionnée. »
Autour de la machine à café, les commentaires sont tous plus blessants que les autres.
Sophie rend visite à son père, antiquaire, pendant le week-end. Elle lui raconte qu'elle vient d'obtenir une promotion. Son père ressent aussitôt chez elle une joie mêlée de tristesse et d'amertume. Elle devrait être heureuse et fière, se sentir forte, mais elle semble au contraire fragilisée par la situation. Il l'interroge. Elle lui révèle alors les attaques dont elle est victime.
— Je comprends, dit son père. Tu es heureuse d'être promue, tu penses le mériter, mais tu es blessée par les réactions de tes collègues. Si cela continue, tu risques de perdre confiance en toi. Je te propose une expérience.
Sophie accepte, car elle a une grande confiance dans son père qui s'est toujours montré de bon conseil. Elle sait qu'il a toujours de bonnes intentions à son égard. Il l'aime.
— Ma chérie, lui demande son père, pourrais-tu aller au marché des antiquités demain vendre ce vase ? Je viens de le récupérer et j'aimerais m'en débarrasser. Mets-le en vente à soixante-dix euros s'il te plaît.
— Soixante-dix euros ! Cela ne me semble pas être beaucoup pour ce joli vase ! répondit Julie.

— Ne t'en occupe pas. Je l'ai payé un certain prix et je veux en tirer ce prix-là. Cela te permettra de développer tes compétences commerciales.

Le lendemain, Sophie se rend au marché des antiquités. Durant toute la matinée, elle essaie de vendre le vase. Malheureusement, personne ne se montre acquéreur. Sophie, déçue, rentre chez elle et raconte son expérience à son père. Sans faire de commentaire, son père lui dit alors :

— Prends ce vase et rends visite aux cinq antiquaires qui officient dans ce quartier et demande-leur ce qu'ils sont prêts à payer pour ce vase. Demande-leur juste leur prix, mais ne vends pas le vase.

Le premier antiquaire propose à Sophie quatre cents euros, le second cinq cents, etc., jusqu'au cinquième qui en offre mille euros.

Sophie est très étonnée et ne comprend pas ce qui se passe. À son retour, raconte à son père son expérience. Son père lui demande alors :

— À ton avis, pourquoi n'arrivais-tu pas à vendre ce vase soixante-dix euros ce matin ?

— Parce que je me suis adressée à des gens qui ne connaissaient pas les origines de ce vase et qui en ignoraient la valeur.

— Et pourquoi mes confrères antiquaires t'ont-ils proposé autant d'argent pour ce vase ?

— Parce que ce sont des experts. Ils ont vu tout de suite que ce vase avait une grande valeur.

— Repense maintenant à tes collègues. Pourquoi leur accordes-tu le droit de juger de ta valeur ? Sont-ils des experts pour être capables d'évaluer tes compétences et ce que tu peux apporter à ton entreprise ?

— Non ! répondit Sophie, légèrement tremblante et en même temps rassérénée.
— Ma chérie, ne laisse jamais ton cœur être atteint par les jugements de ceux qui ne sont pas des experts. Écoute seulement les jugements des professionnels ou des experts en nature humaine. Et tu verras que ta valeur est bien plus grande que tu ne l'imagines.

Un conférencier très connu commença un jour un séminaire en montrant un billet de cent euros. Il demanda aux participants :
— Qui souhaiterait posséder ce billet ?
De nombreux participants levèrent la main.
Alors il dit :
— Je vais offrir ce billet à l'un des participants, mais avant je voudrais faire quelque chose avec.
Il prit le billet et le chiffonna. Puis il demanda de nouveau :
— Désirez-vous toujours posséder ce billet ?
Il y avait toujours autant de participants qui levaient la main.
— D'accord. Mais que se passera-t-il si je fais cela.
Il jeta la boule froissée du billet sur le sol et l'écrasa avec le talon de sa chaussure. Puis il sauta dessus jusqu'à ce que le billet soit méconnaissable tant il était froissé, chiffonné et sali. Et il demanda de nouveau :
— Qui désire encore avoir ce billet ?
Il y eut toujours autant de participants qui levaient la main.

— Chers participants, vous venez d'apprendre quelque chose d'essentiel. Quoi que je fasse avec ce billet, vous le désirez toujours parce que sa valeur n'a pas changé. Il vaut toujours cent euros. Maintenant, pensez à vous, à votre existence. Plusieurs fois vous serez froissés, rejetés, salis par les gens ou les événements. Vous aurez alors le sentiment que vous ne valez plus rien, mais en réalité, comme c'est le cas pour ce billet, votre valeur n'aura pas changé. La valeur d'une personne ne tient pas à ce qu'elle a fait ou pas. Vous pourrez toujours recommencer et atteindre vos objectifs, car votre valeur restera toujours intacte quoi qu'il arrive.

« La valeur d'un homme ne se mesure pas à sa fortune, à son statut ou à ses possessions. La valeur d'un homme réside dans sa personnalité, sa sagesse, sa créativité, son courage, son indépendance et sa maturité. »

Mark W. B. Brinton

Tu possèdes en toi un trésor. Peut-être ne l'as-tu pas encore découvert, pourtant il est là. La première chose que tu dois faire pour trouver ou retrouver confiance en toi est de partir à la découverte de ce trésor. Apprends à connaître tes valeurs, tes besoins, ta personnalité et tes talents. Une fois que tu les connaîtras – et tu les connaîtras –, tu sauras qui tu es et quelle est ta destinée. Alors ta confiance en toi sera inébranlable. Tu seras plus solide que le roc.

« Il y a trois choses extrêmement dures :
l'acier, le diamant
et se connaître soi-même. »

Benjamin Franklin

Avoir confiance en soi, c'est accepter de se confronter à des situations difficiles ou inconfortables. On accepte d'autant plus facilement de s'y confronter lorsque l'on sait pourquoi. Si tu veux avoir confiance en toi, rappelle-toi l'objectif que tu t'es fixé. Tu ne dois jamais perdre de vue cet objectif. C'est lui qui te retient à la paroi de la vie. C'est lui qui te rattrape et t'évite de te perdre dans l'abîme si tu chutes. Garde ton objectif en ligne de mire. Deviens un missile à tête chercheuse !

« Être honnête envers soi et les autres
sur ce que l'on est ou non capable de faire
réduit à néant les sentiments
liés à son manque de confiance. »

Le Dalaï-Lama

Dans une situation difficile, tu es sans doute stressé, tu as peur, tu te sens mal. Ce qui rend ce moment si inconfortable, ce n'est pas la situation en elle-même, ce sont tes émotions, tes pensées, tes sensations. Ce sont elles qui te débordent... Ce n'est jamais la situation que tu fuis, c'est ce que tu ressens face à la situation. Cela signifie que si tu t'entraînes à vivre la situation, alors les émotions, les pensées, les sensations s'apaiseront. C'est par l'entraînement que la confiance en soi s'acquiert.

Pour t'entraîner, tu peux utiliser les techniques de visualisation. Ferme les yeux et prends le temps de vivre la situation que tu vas devoir affronter. Laisse venir en toi les émotions, les pensées et les sensations... Le cerveau confond le réel avec l'imaginaire de sorte que s'entraîner en visualisant la situation équivaut à la vivre réellement. Te voilà maintenant doté d'une technique pour t'entraîner. Grâce à la visualisation, tu peux t'entraîner à vivre n'importe quelle situation.

« Il faut oser d'abord, doser ensuite. »

Karine Viard

Le jour où tu dois oser, rappelle-toi quand tu as appris à marcher. Tu étais tout petit. Tu étais fragile et pourtant tu as osé te mettre debout. Pourquoi as-tu osé ? Car tu n'avais aucun doute sur le fait que tu allais réussir. Tu allais tomber, tu allais pleurer, te faire des bosses et peut-être même t'écorcher le genou, mais tu allais réussir. Prends conscience. Tu es capable de tout réaliser, rien n'est impossible ! Renoue avec cette idée et tu parviendras à réussir dans tout ce que tu entreprends, car tu peux le faire.

« Yes we can ! »

Barak Obama

Le monde se partage en trois territoires.

• **La terre du confort.** Dans ce territoire, tu maîtrises tout, tu es parfaitement à l'aise. Tu connais bien les personnes et les choses qui sont dans ce territoire, tu as l'habitude d'interagir avec elles. Il est aisé d'avoir confiance en soi dans ce territoire mais c'est aussi sclérosant et ennuyant.

- **La terre du défi.** Lorsque tu entres dans ce territoire, tu ne maîtrises plus tout. Il y a de nombreuses choses et personnes nouvelles. Tu dois puiser dans tes ressources pour t'adapter à cette nouveauté. Entrer dans la terre du défi est à la fois déstabilisant et terriblement excitant.

- **La terre du danger.** Dans ce territoire, tu ne maîtrises rien ou pas grand-chose. C'est donc potentiellement dangereux. Si tu t'aventures dans la terre du danger, il te faudra apprendre et t'adapter à grande vitesse. Tu vivras à cent à l'heure, mais il va falloir t'accrocher !

Apprends à sortir régulièrement de la terre du confort. Aventure-toi dans la terre du défi. Et ainsi ton territoire deviendra de plus en plus vaste. Cela veut dire que plus tu vieilliras, plus tu seras libre. Et si tu explores tous les territoires, un jour à la fin de ta vie, tu n'auras plus peur de rien. Tu auras une confiance absolue en toi-même. Tu pourras alors entrer dans le dernier territoire, sans hésitation. Au moment de ta mort, tu seras aussi calme que lorsque tu savoures un café au soleil.

« La confiance en soi est une conquête permanente sur l'imprévisible de la vie, elle n'est pas acquise une fois pour toutes, mais elle doit se ressourcer, se reconstruire, se confirmer et s'embellir chaque jour, pour pouvoir faire face à la fois

à la mouvance d'une existence
et à l'irruption de l'inacceptable. »

Jacques Salomé

Je te connais bien maintenant et je peux te dire que j'ai confiance en toi. Je sais que je peux compter sur toi. Je connais tes qualités, tes talents, tes avantages... Si tu as besoin interroge-moi et je te raconterai tout ce que je pense de formidable à ton sujet. Mes paroles seront comme un grand bol d'énergie que tu boiras. Cela rechargera tes batteries et t'aidera à surmonter les obstacles qui t'attendent sur le chemin de la vie. Je suis là. Nous sommes là. Nous avons confiance en toi.

Quand tu dis non

Dans les premiers temps de notre rencontre, j'ai constaté que tu disais non à beaucoup de choses. Voilà ce que j'aurais aimé te dire si j'avais su trouver les mots pour ouvrir ton cœur et t'amener à dire oui… J'aurais sans doute commencé par te raconter l'histoire de No Man.

Il était une fois un homme qui avait une vie normale dans laquelle il ne se passait pas beaucoup de choses. Il exerçait le métier de banquier. Comme beaucoup de gens, il avait divorcé de sa femme avec laquelle il n'avait pas eu d'enfants, n'en ayant pas voulu. Chaque journée de sa vie était semblable à la précédente et il savait qu'il en irait de même pour la suivante. Lorsque ses amis lui proposaient une activité nouvelle, il disait « Non ». Lorsque son directeur lui offrait un autre poste, il disait « Non ». Lorsqu'un client se présentait pour demander un prêt, il disait presque toujours « Non ». Cet homme disait presque systématiquement « Non » à tout.
Un jour, alors qu'il se promenait dans la rue, il aperçut un vieil ami. Pour échapper à cette rencontre – rencontrer de vieux amis l'ennuyait –, il se précipita dans une ruelle

et pénétra dans un grand bâtiment pour s'y cacher. Ce qu'il ne savait pas, c'est qu'à l'intérieur de ce bâtiment vivait un grand marabout. Lorsque le marabout le vit, il comprit tout de suite que cet homme était atteint de la maladie du « Non ». Aussi, sans que l'homme s'en rende compte, il lui jeta un sort pour l'obliger à dire « Oui » à toutes les propositions qu'on lui ferait. Ce sort très puissant l'empêcherait de prononcer deux mots: « Non » et « Mais... ».

Lorsqu'il quitta le bâtiment, l'homme rencontra un mendiant qui lui demanda de l'argent. Il eut bien sûr envie de lui dire non, comme il en avait l'habitude, mais quand il voulut prononcer le mot, aucun son ne sortit de sa bouche. Il ne pouvait dire que « Oui » et il fut donc obligé de sortir son portefeuille et de donner son argent au mendiant. Une femme qui passait dans la rue à ce moment-là l'interpella et lui dit: « C'est vraiment bien ce que vous faites. » Elle lui adressa un sourire et un regard qui lui plurent tout de suite. Car c'était une très belle femme. Elle lui proposa de venir aider les pauvres le lendemain. De nouveau, il eut envie de dire « Non », mais il ne le put pas.

Sur le chemin du retour, il reçut l'appel d'un ami qui lui proposait de venir faire la fête. Nous étions mercredi et l'homme n'avait pas l'habitude de sortir durant la semaine. Il préférait se reposer pour être en forme et aller à son travail. Il fallait beaucoup d'énergie pour dire « Non » à tous ses clients. Cette fois-ci, il ne le put pas. Il dut dire « Oui ». La suite de la soirée fut totalement démente. Il accepta tous les verres d'alcool qu'on lui proposait et fit, une fois ivre, toutes les bêtises que lui suggérèrent ses amis, au point de faire n'importe

quoi ! Il se réveilla le lendemain avec un grand mal de tête, mais il ne pouvait nier qu'il avait passé une soirée absolument mémorable.
Il était très fatigué, mais comme il avait promis d'aller aider les pauvres, il se rendit dans l'association où la femme l'avait invité. Entre-temps, il dit « Oui » aux demandes de prêt de ses clients, des plus raisonnables aux plus farfelues. Le soir, il travailla pendant plusieurs heures à distribuer des vêtements chauds et de la nourriture à des sans-abri. Ce fut une expérience extraordinaire pour lui, car il avait oublié le sens du mot « donner ». La femme, qui semblait très attirée par lui, l'invita à dîner le week-end suivant, et même s'il eut envie de dire « Non », car il avait peur des chagrins d'amour, il ne put que dire « Oui ». Et sa semaine se déroula ainsi…
Quelques mois plus tard, il se maria avec la femme qu'il avait rencontrée. C'était une très belle personne, très gentille et agréable, et il avait fini par en tomber amoureux. Un soir, alors qu'il traversait la route sans regarder, un homme lui cria « Attention » et le poussa sur le trottoir. Grâce à ce geste, notre homme évita de justesse un bus qui fonçait à vive allure sur le boulevard. L'homme qui venait de le sauver n'était autre que le mendiant à qui il avait donné tout son argent quelques mois plus tôt. Ce jour-là, il acheta le journal et lut un article sur un inventeur dont la start-up était valorisée plusieurs millions de dollars. Il reconnut l'un de ses clients farfelus à qui il avait prêté une forte somme d'argent.
En disant « Oui » à la vie, il avait changé le monde* !

---

* Cette histoire est librement inspirée du film *Yes Man* de Peyton Read (2008).

En apprenant à dire « Oui », tu apprends à ouvrir les possibles, à te créer des opportunités de bonheur. En disant « Oui », tu fais appel au pouvoir bienfaisant de la vie. Dans les contes, tous les héros ont une bonne fée qui veille sur eux. Eh bien, quand tu dis « Oui », tu appelles ta bonne fée et tu lui demandes de prendre soin de toi et de créer des choses merveilleuses dans ta vie. Il te suffit d'y croire, il te suffit d'avoir confiance en toi, dans les autres et dans le monde et tu verras toutes les portes s'ouvriront.

La vie est comme une chambre. Dans cette chambre, il y a une fenêtre qui donne sur une jolie prairie dans laquelle se trouve un cheval. Tu as le choix entre contempler le spectacle en restant bien au chaud à l'intérieur, à l'abri du vent, du soleil et de la pluie ou tu peux aussi ouvrir la fenêtre. Tu peux ouvrir la fenêtre et prendre une profonde inspiration et sentir l'air frais qui pénètre profondément en toi et qui repousse toutes les limites qui sont à l'intérieur de ton être. Et ressentir alors la liberté...

Porté par cette énergie nouvelle, tu peux enjamber cette fenêtre, monter sur le toit et descendre en t'accrochant à la gouttière... Tu peux cueillir une fleur et tournoyer en écartant les bras comme un enfant qui joue... Et tu peux aller dans cette prairie aussi. Tu peux courir après le cheval et même monter dessus et, d'un léger coup de talon, lui ordonner de partir au galop ! Où vas-tu ? Personne ne le sait, tu ne le sais pas toi-même. Mais tout ce que tu vois, entends, ressens te donne le goût de l'aventure.

La vie est une aventure. La vie te fait sans cesse des propositions. Tu as le choix entre dire « Oui » ou dire « Non ». Si tu dis « Oui », alors tu fais le choix de la découverte, de la nouveauté, de la rencontre... Si tu dis « Non », tu fais le choix du contrôle, de la protection et du repli. La vie est comme un torrent d'eau vive. Dire « Non », c'est essayer de planter un barrage au milieu de la pente pour retenir l'eau qui coule. Dire « Oui », c'est monter sur un radeau et se laisser porter par le courant.

« La réponse est oui.
Mais quelle était la question ? »

Woody Allen

La chance sourit à ceux qui y sont préparés. Dire « Oui », c'est accepter de se laisser emporter par le tourbillon de la vie... Chaque fois que tu dis « Non », tu ériges un mur. Tu crées un blocage. Apprends à supprimer ce mot de ton vocabulaire. Remplace-le par « Oui », ou éventuellement par « Oui, mais... » si tu veux poser certaines conditions. Tu verras à quel point cette attitude va libérer les énergies autour de toi, comment tes proches vont s'autoriser à te proposer de nouvelles choses.

Sais-tu qu'en Chine on ne dit jamais « Non ». Dire « Non » revient à perdre la face, à avoir honte de soi-même devant le reste de son groupe. Puisque l'on n'a pas le droit de dire « Non », on exprime son désaccord par sous-entendus, de façon à infléchir la demande qui nous est faite. Sans créer un affrontement qui ferait perdre la face à l'une des deux parties, on parvient à un consensus. Cette manière de fonctionner préserve l'harmonie dans les relations humaines.
Chaque fois que tu dis « Non », interroge-toi. Demande-toi pourquoi tu as cherché à aller contre ton destin. Est-ce parce que tu n'en avais pas envie ? Est-ce parce que tu avais peur ? Est-ce parce que tu as fait du « Non » ta réponse machinale ? Dans ton esprit, il y a sans doute des peurs et des croyances qui t'empêchent de te libérer, de te laisser aller, de lâcher prise. Tu as sans doute envie de tout contrôler afin qu'il n'arrive rien de préjudiciable dans ton existence. Tu ne veux prendre aucun risque.

« L'enfant ne peut pas apprendre à marcher s'il refuse de tomber. »

Anonyme

Un groupe étudie en cours de géographie les sept merveilles du monde. Le professeur demande aux élèves de faire la liste des sept merveilles du monde. Sauf quelques exceptions, tous écrivent sur leur feuille les réponses suivantes:

– les Pyramides d'Égypte;
– la Grande Muraille de Chine;
– le Taj Mahal en Inde;
– les statues de l'île de Pâques;
– les pyramides de Chichén Itza au Mexique;
– le Colisée de Rome;
– l'Alhambra en Espagne.

Le professeur aperçoit une jeune fille qui n'a pas encore commencé à noter sa réponse. Il lui demande alors si elle éprouve une difficulté avec cette liste à rédiger. La jeune fille lui répond: «Oui, je dois avouer que je n'arrive pas à me décider. Il y en a tellement...»
Le professeur intrigué lui demande: «Dis-moi donc à quoi tu penses, et je pourrai sans doute t'aider.»
La jeune fille hésite, puis commence à écrire:

– voir;
– entendre;
– toucher;
– sentir...

Elle hésite encore, puis continue:
– courir;
– rire;
– aimer.

Et toi, quelles sont tes sept merveilles du monde ? Qu'as-tus envie de faire ? À quel voyage, quel projet, quelle découverte, quel plaisir as-tu envie de dire « Oui » sans te soucier du « qu'en-dira-t-on », des conventions sociales ou de je ne sais quelle règle idiote et apprise par cœur à l'école ou à une époque révolue ? Soyez libre enfin ! Et si tu es libre, tu auras le pouvoir de dire « Oui ». Et si tu dis « Oui », la vie te sourira comme un grand soleil.

Se voir vieillir

Je sais que penser à la vieillesse t'inquiète et te rend triste. Si tu m'y autorises, je voudrais te faire part de ma vision des choses sur ce sujet... Laisse-moi te montrer combien vieillir est en vérité une chance qui nous est offerte par la vie, un cadeau qu'il faut savoir accueillir, car il procure tant de bienfaits. Permets-moi pour cela de te raconter cette étonnante histoire.

Un soir de tempête, une femme étendue sur son lit de mort demande à sa nièce de lui lire à haute voix le journal. Quatre-vingts ans ans plus tôt, un petit garçon est né avec le corps d'un vieil homme. Sa mère est morte après l'accouchement et il a été abandonné par son père sur le parvis d'une église. Un couple a décidé de le recueillir et de l'élever comme s'il était leur propre fils. Le petit garçon n'apprend à marcher qu'à l'âge de neuf ans. Au début de sa vie, il se déplace en fauteuil roulant, puis avec des béquilles. Son visage est affreusement ridé. Ses os sont aussi fragiles que ceux d'un vieillard. Le petit garçon semble atteint d'une maladie grave. Il a le visage d'un centenaire, mais bizarrement chaque année qui passe semble le faire rajeunir d'une année. Devenu adolescent, le jeune garçon tombe amoureux d'une jeune fille. Cette dernière est à la fois effrayée et

intriguée par ce garçon à l'allure si étrange. Il ne se passe rien entre eux. Plusieurs années après, ils se retrouvent sur le quai d'une gare. La jeune fille est devenue une jolie jeune femme. Elle est surprise en revoyant le jeune garçon, qui a beaucoup changé. Il semble avoir l'âge d'un sexagénaire maintenant.
Dix ans plus tard, ils se rencontrent de nouveau par hasard. Cette fois, ils ont le même âge, c'est-à-dire quarante ans. Ils vivent une histoire passionnée avant de se marier et d'avoir deux enfants. Le temps passe. La femme vieillit et l'homme rajeunit. Elle a bientôt cinquante ans alors qu'il semble ne pas en avoir plus de trente. Le jeune homme prend peur et s'enfuit.
Elle ne le retrouve que quelques années plus tard. Alors qu'elle est âgée de près de soixante-dix ans, elle le rencontre dans un parc en train de faire du vélo. Celui qui est encore son mari et le père de ses deux enfants n'a plus que dix ans maintenant. Il a la maturité d'un homme, mais le visage d'un préadolescent. Le temps les sépare irrémédiablement. Elle a l'âge d'être sa grand-mère. Cette rencontre est une déchirure.
Elle décide de l'accueillir chez elle et de s'occuper de lui. Les années passent et le garçon continue de rajeunir jusqu'à devenir un enfant en bas âge qui fait pipi dans sa culotte. Elle s'occupe de lui alors qu'elle-même vieillit. Lorsqu'elle atteint l'âge de quatre-vingt-cinq ans, le garçon a l'âge d'un nourrisson. Alors qu'elle le tient dans ses bras, le petit ange s'arrête de respirer et meurt. Ainsi s'achève la vie de l'homme de sa vie*.

* Histoire librement inspirée du film *L'étrange histoire de Benjamin Button*, de David Fincher (2008).

Cette histoire étonnante peut t'amener à t'interroger sur le temps qui passe et le sens de la vie. Il t'arrive de désespérer de vieillir, mais que se passerait-il si la vie se déroulait en sens inverse ? Tu serais né vieillard et terminerais ta vie à l'état de nouveau-né. Serait-ce préférable ? Le temps qui passe transforme, rapproche ou éloigne. Le temps qui passe fait des enfants que nous sommes des adultes épanouis, avant de nous transformer en vieillards claudicants et gâteux. N'est-ce pas bien ainsi ? Sais-tu que, au Japon, les vieilles personnes sont très respectées. Elles sont respectées comme des personnages sacrés. Un jour que je me promenais dans les rues de Tokyo, j'ai même vu une statue représentant une dame âgée. C'était une bienfaitrice qui avait fait beaucoup de choses pour les pauvres et les orphelins de la ville. C'était très étrange pour moi de voir cette statue, car en Occident, toutes les statues ont la peau lisse, de gros muscles et le visage poupin. La vieillesse peut être un âge où l'on est admiré.

Un biologiste célèbre** a déclaré : « Nous ne savons pas si l'homme est une fleur ou une chaise. » Pour ce biologiste, la chaise est éternelle à partir du moment où l'on fait attention à ne pas l'abîmer et qu'on la répare lorsqu'elle l'est. La fleur, d'une façon presque inverse,

* Jean Rostand (1894-1977).

porte déjà dans ses gênes le programme de sa propre fin. Elle est programmée pour mourir. Si l'Homme est une fleur, cela signifierait qu'il serait possible, en modifiant son programme génétique, de lui permettre d'atteindre l'immortalité.
Imagine ta vie si tu étais immortel. Cela signifierait que tu resterais éternellement jeune et que tu aurais devant toi un temps infini. Passé un certain âge, tu ne connaîtrais plus aucune transformation physique. Seule ton âme continuerait à évoluer. Tu ressemblerais à tes enfants. Mais les Hommes auraient-ils des enfants ? En auraient-ils envie ? Et cela serait-il possible, puisqu'il n'y aurait pas suffisamment de place sur cette terre pour accueillir tous les Hommes. Si l'immortalité existait, tu ne serais sans doute jamais né…

Dans ta vie, je suis sûr qu'il t'est arrivé de grimper sur une montagne. Peut-être était-ce une très haute montagne ou juste un petit somme, mais qu'importe. Rappelle-toi. Durant toute la montée, tu devais faire beaucoup d'efforts, car la pente était forte. Mais de temps en temps, tu pouvais t'arrêter pour respirer et admirer le paysage qui était très joli. Et sans doute que tu étais accompagné de gens que tu aimes et avec qui tu pouvais discuter, te plaindre et rire de cet effort surhumain que vous étiez en train d'accomplir.
Et lorsque tu es arrivé au sommet de la montagne, c'était vraiment magnifique ! Tu pouvais voir le paysage partout autour de toi et c'était réellement époustouflant. Tu profitais à la fois de la beauté du paysage et du plaisir de

pouvoir laisser enfin tes muscles se reposer. Et tous les gens qui avaient fait le chemin étaient aussi heureux et satisfaits de ce voyage et de cette journée. Il régnait une atmosphère de joie, et un sentiment profond d'accomplissement habitait toute la petite troupe de promeneurs.
Vieillir n'est pas très différent de l'ascension d'une montagne. La vie est une succession d'efforts et de moments de repos, de rencontres, de moments difficiles et de moments de joie. Vieillir, c'est prendre un chemin et avancer à la découverte de nouvelles sensations, de nouveaux paysages. Vieillir, c'est grandir. C'est gravir une montagne. Et lorsqu'on arrive au sommet, à la fin de sa vie : waouh ! On peut contempler tout ce qu'on a fait. On a une montagne de souvenirs à raconter et à se remémorer ! On est en paix.
L'avantage de la vieillesse sur la randonnée, c'est que lorsqu'on est arrivé au sommet, on n'a pas besoin de redescendre...

« Pour protester contre le temps qui passe, les vieillards jeûnent. »

Les nuls

Un jour, le bouffon du roi devint trop insolent. Le roi, qui était très sévère envers ses sujets, lui dit: « Mon cher bouffon, tu es trop insolent, je te condamne à mort. Mais comme tu m'as fait souvent rire, je t'accorde le droit de choisir la manière dont tu mourras. Dis-moi ce que tu veux comme mort et je me soumettrai à ton choix. »

> Que choisit le bouffon pour éviter la mort? Le bouffon répondit: «Je choisis de mourir de vieillesse!»

La vieillesse est une chance. Plus le temps passe, plus le corps vieillit, et plus l'âme et l'esprit grandissent. Chaque jour qui passe est une année de gagnée en expériences, en connaissances et en sagesse. Vieillir, c'est s'élever. Sois heureux de vieillir, car chaque année qui passe te rend plus sage et plus spirituel. Chaque année qui passe te permet de devenir meilleur. Ainsi tu te bonifies et tu prends un peu plus de valeur chaque jour. À la fin, lorsque tu es au maximum de ta hauteur, tu peux partir, fier du chemin parcouru.

Il existe ceux qu'on appelle les Hommes sans fils. Ces Hommes n'acceptent pas le temps qui passe. Ils veulent rester sur le devant de la scène, dominer les autres. Ils ne pensent qu'à leurs intérêts. Ces Hommes n'ont pas de fils, car ils refusent d'enseigner et de transmettre leur savoir aux plus jeunes. Ils ne veulent pas partager leur pouvoir, car ils veulent conserver leur place de façon éternelle. J'ai vu ces Hommes souffrir terriblement à l'approche de la vieillesse, car il ne subsiste rien après eux.

Accompagne le mouvement naturel de la vie. Apprends quand tu es jeune, fais quand tu es adulte et transmets quand tu es vieux. Ainsi tu occuperas la juste place qui te revient et, en occupant la juste place, tu vivras en harmonie avec le monde qui t'entoure. Chaque temps ses plaisirs. Apprendre est une joie, faire est une joie, transmettre est une joie. Le bonheur, rappelle-toi, est le résultat d'une décision. Que tu sois jeune, mâture ou vieux, tu seras heureux si tu l'as décidé et si cette décision est irrévocable.

« On commence à vieillir quand on finit d'apprendre. »

Proverbe japonais

Selon une légende très ancienne, il existe une fontaine de jouvence. Cette fontaine permet à qui s'y baigne de recouvrer sa jeunesse. Si tu veux vivre vieux et en bonne santé, tu dois toi aussi trouver ta fontaine de jouvence. Est-ce une passion qui t'anime ? Est-ce un jeu qui fait que tu redeviens enfant ? Est-ce l'amour qui fait palpiter ton cœur et vibrer ton âme ? Trouve ta fontaine de jouvence, c'est un lieu, une personne, un livre, une musique, un plat ou une activité, etc. Trouve-la et vas t'y baigner aussi souvent que possible.

« La jeunesse n'est pas une période de la vie, elle est un état d'esprit, un effet de la volonté, une qualité de l'imagination, une intensité émotive, une victoire du courage sur la timidité, du goût de l'aventure sur l'amour du confort. On ne devient pas vieux pour avoir vécu un certain nombre d'années : on devient vieux

parce qu'on a déserté son idéal.
Les années rident la peau ; renoncer
à son idéal ride l'âme. Les préoccupations,
les doutes, les craintes et les désespoirs
sont les ennemis qui, lentement, nous font pencher
vers la terre et devenir poussière avant la mort.
Jeune est celui qui s'étonne et s'émerveille.
Il demande comme l'enfant insatiable :
"Et après ?" Il défie les événements
et trouve de la joie au jeu de la vie.
Vous êtes aussi jeune que votre foi.
Aussi vieux que votre doute.
Aussi jeune que votre confiance en vous-même.
Aussi jeune que votre espoir.
Aussi vieux que votre abattement.
Vous resterez jeune tant que vous resterez réceptif.
Réceptif à ce qui est beau, bon et grand. Réceptif
aux messages de la nature, de l'homme et de l'infini.
Si un jour, votre cœur allait être mordu par le
pessimisme et rongé par le cynisme, puisse Dieu
avoir pitié de votre âme de vieillard. »

Général MacArthur

De la même façon que le bonheur est le résultat d'une décision, la jeunesse est le résultat d'une décision. Je connais des hommes et des femmes âgés sur le plan physique qui ont plus d'énergie et de fougue que des jeunes de vingt ans. Je partage la conviction du général Mac Arthur. Le charme et la beauté se construisent plus qu'ils ne s'héritent. N'as-tu jamais rencontré d'hommes ou de femmes dont la beauté avait grandi avec l'âge ? C'est un fait qu'on ne peut nier. Alors construis.

« La peur de vieillir
abîme plus que l'âge. »

Jeanne Moreau

« J'aime les très vieux
assis à la fenêtre
qui regardent en souriant
le ciel perclus de nuages
et la lumière qui boite dans les rues de l'hiver

J'aime leur visage
aux mille rides
qui sont la mémoire de mille vies
qui font une vie d'homme

J'aime la main très vieille
qui caresse en tremblant
le front de l'enfant
comme l'arbre penché
effleure de ses branches la clarté d'une rivière

J'aime chez les vieux
leur geste fragile et lent
qui tient chaque instant de la vie
comme une tasse de porcelaine

comme nous devrions faire nous aussi
à chaque instant
avec la vie. »

Jean-Pierre Siméon,
« Éloge de la vieillesse »

Nous allons vieillir ensemble. Nous partageons ce destin commun. Essayons de nous en accommoder et d'en tirer le meilleur parti possible. Soyons un exemple pour nos enfants pour qu'ils aient confiance dans l'avenir. Soyons heureux de ce mouvement comme l'eau coule le long de la pente, soyons fiers des efforts consentis, des défis relevés et des missions accomplies. Chaque jour, notre mémoire s'emplit un peu plus de souvenirs qui sont comme des trésors que nous osons offrir.

« Hier encore, j'avais vingt ans
Je caressais le temps
J'ai joué de la vie
Comme on joue de l'amour et je vivais la nuit
Sans compter sur mes jours
qui fuyaient dans le temps
J'ai fait tant de projets qui sont restés en l'air
J'ai fondé tant d'espoirs qui se sont envolés
Que je reste perdu, ne sachant où aller
Les yeux cherchant le ciel, mais le cœur mis en terre
Hier encore, j'avais vingt ans
Je gaspillais le temps
En croyant l'arrêter

Et pour le retenir, même le devancer
Je n'ai fait que courir et me suis essoufflé
Ignorant le passé, conjuguant au futur
Je précédais de moi toute conversation
Et donnais mon avis que je voulais le bon
Pour critiquer le monde avec désinvolture
Hier encore, j'avais vingt ans
Mais j'ai perdu mon temps à faire des folies
Qui ne me laissent au fond rien de vraiment précis
Que quelques rides au front et la peur de l'ennui
Car mes amours sont mortes avant que d'exister
Mes amis sont partis et ne reviendront pas
Par ma faute j'ai fait le vide autour de moi
Et j'ai gâché ma vie et mes jeunes années
Du meilleur et du pire en jetant le meilleur
J'ai figé mes sourires et j'ai glacé mes pleurs
Où sont-ils à présent ?
À présent
Mes vingt ans. »

Charles Aznavour,
« Hier encore »

Se séparer

Lorsque je t'ai vu, tu venais de te séparer d'une personne qui avait compté dans ta vie. Tu étais triste et désemparé... Voilà ce que j'aurais aimé te dire, si j'avais eu plus de temps pour parler avec toi de cette séparation. J'aurais sans doute commencé par te raconter cette histoire

Il était une fois un enfant qui n'était pas encore né. Il aimait tellement sa mère qu'au moment de l'accouchement, il pria Dieu pour qu'il l'autorise à rester vivre dans son ventre. Il parla en ces mots :

— Dieu, je ne veux pas me séparer de ma mère. Je l'aime. Je ressens ce qu'elle ressent. Je mange ce qu'elle mange. Je bois ce qu'elle boit. Je voudrais que tu m'accordes le droit de rester vivre dans son ventre, lié à elle à jamais.

Dieu, attendri par les récriminations de l'enfant, rit de bon cœur.

— Tu as peur de te séparer, dit-il, et tu veux rester vivre toute ta vie dans son ventre...

— Oui, je le veux !, répéta l'enfant.

— Soit, ton vœu est exaucé, concéda Dieu.

L'enfant savoura sa victoire et continua donc de vivre dans le ventre de sa mère. Mais la nature fit en sorte que sa croissance se poursuive. Ses bras, sa tête et ses

jambes continuèrent de grandir tandis que la poche de liquide amniotique qui l'abritait ne grandissait pas. Au début, il accepta de bon cœur de se plier en deux et de se resserrer sur lui-même. Mais rapidement la situation devint intenable. Il était serré comme dans une boîte de sardines. Il voulut alors sortir mais le passage était devenu trop étroit. Pendant ce temps, sa mère souffrait affreusement de violentes douleurs au ventre.
Sans l'aide d'un médecin, qui délivra les deux êtres par le biais d'une opération, l'enfant et la mère seraient morts. Plusieurs années après, l'enfant devenu adulte se rappela ce moment.
– Se séparer, c'est vivre! murmura-t-il en servant une tasse de thé à sa mère qu'il continuait de venir voir chaque jour de sa vie.

« La vie commence par une séparation et par une rencontre. »

Anonyme

Tu dois aujourd'hui affronter une séparation. Une personne que tu aimes s'est éloignée de toi jusqu'à une distance qu'il t'est difficile de supporter. Cela te fait souffrir. Je te comprends. J'ai moi aussi vécu des séparations douloureuses. Je sais à quel point elles font mal. Si tu es d'accord, je peux t'aider à mieux comprendre ce qui est train de se passer à l'intérieur de toi. En le comprenant mieux, tu découvriras une nouvelle façon de considérer les choses. Et peut-être donneras-tu à cette séparation un sens nouveau.

Une séparation est le résultat d'une croissance de ton être intérieur. C'est exactement ce qui produit quand l'enfant naît et qu'il devient adulte. À chaque fois, tu grandis à l'intérieur et tu te transformes pour devenir un être nouveau. Pour devenir cet être nouveau, il te faut te séparer de certains lieux, de certaines habitudes, de certaines personnes. Toute ta vie, si tu laisses grandir ton être intérieur, tu devras te séparer. Chaque séparation signifiera que tu grandis et que tu t'élèves.

Il était une fois trois glands. Ces trois glands étaient les fils de la même branche du même chêne. Aussi étaient-ils tombés au même endroit. Comme ils étaient très vivaces, dès que la pluie était tombée, ils avaient germé et enfoui leurs racines profondément dans la terre. Trois jeunes pousses, puis trois arbrisseaux étaient apparus dans la clairière jouxtant le grand chêne, père de tous les glands. Les trois arbrisseaux étaient presque les mêmes, à une différence près. L'un d'entre eux était plus grand d'un demi-centimètre.

Les trois arbrisseaux grandirent à l'abri du grand chêne. Au début, personne ne prêta trop attention à ce demi-centimètre de différence. Du fait de sa taille, le plus grand des trois arbrisseaux recevait néanmoins plus de lumière que ses deux frères et il grandissait donc plus vite. Au début, ce n'était pas très visible, mais au bout de trois ans, il mesurait trente centimètres de plus. Et au bout de dix ans, il mesurait plus de deux mètres de plus, si bien que ses feuilles commencèrent à cacher la lumière à ses frères.

Plus le temps passait, plus il recevait de lumière, au détriment de ses deux frères. Il avait de la peine pour eux, mais il s'éloignait de plus en plus sans pouvoir rien faire, parce que c'était sa nature profonde que de croître et d'aller toujours plus haut chercher la lumière. Au bout de quelques années, ses deux frères commencèrent à dépérir. Privés de lumière, ils ne pouvaient pas puiser suffisamment de forces. Ils devenaient plus fragiles et les maladies et les animaux les abîmaient, si bien qu'un hiver, ils moururent.
Le grand chêne eut beaucoup de chagrin, mais il dut se rendre à l'évidence. C'était la vie ! Il faisait partie des rares glands qui parvenaient à l'état de chêne. Il avait maintenant à jouer son rôle dans la forêt. Des oiseaux avaient niché dans ses branches. L'été, il apportait de l'ombre aux promeneurs. Il protégeait les plantes et les arbres du vent et beaucoup d'espèces vivaient à ses pieds. Il devait suivre son destin. La séparation n'était pas triste, la mort non plus, c'était juste le résultat de la vie, qui est croissance et mort.

« Vivre est une torture puisque vivre sépare. »

Albert Camus, « Les Justes »

Chaque fois que tu te sépares de quelqu'un, sois heureux, car cela signifie que tu grandis. Le jour où tu te sépares de tes parents, c'est que tu deviens un adulte, un être autonome et libre. Le jour où tu te sépares d'un ami, c'est que tu as choisi ta voie et que tu es devenu quelqu'un.

Le jour où tu te sépares de ton conjoint, c'est que, sur le chemin de la vie, vous avez pris des routes différentes et que, pour être vous-même, vous avez décidé de vivre chacun de votre côté. La séparation est le fruit du désir d'être soi.

La vie est une longue croissance ininterrompue. Jeune, c'est la croissance physique qui domine. Adulte, c'est la croissance psychologique. Entre les deux, les êtres humains grandissent. Leur moi s'affirme, se libère des conventions, exprime ses attentes et ses besoins, apprend à dire non… Cette croissance est faite de libérations et de ruptures. Chaque rupture signifie que tu vas pouvoir être un peu plus toi-même. Ceux qui ne rompent jamais sont ceux qui restent prisonniers de leur passé et d'une identité convenue.

« Le métier des parents, c'est de savoir se séparer de ses enfants. »

Marcel Rufo

L'important quand deux êtres se séparent est de ne pas se faire du mal. Il est rare que les deux êtres aient conscience qu'ils sont en fait en pleine transformation et que la rupture est nécessaire. Très souvent, ils prennent la séparation comme un rejet, un désamour ou du mépris. Or il n'en est rien. Si on se sépare, c'est parce que cela est nécessaire à son bonheur et à son épanouissement. Lorsque l'on se fait du mal, c'est parce qu'on n'arrive pas à prendre conscience qu'on ne peut plus vivre ensemble.

« Une rencontre n'est que le commencement d'une séparation. »

Proverbe japonais

En amitié, les séparations ne sont jamais que provisoires. À certaines périodes, on est très proches et ensuite on est très loin, puis on se rapproche de nouveau. Parfois on se perd de vue pendant plusieurs mois ou plusieurs années, puis on se retrouve et on se redécouvre. On revient tout neuf, enrichi de ses expériences, heureux de pouvoir les partager et les raconter. On fait une grande fête, on boit souvent plus que de raison, on se souvient du passé et on se quitte de nouveau en se disant à bientôt…

« Buvons encore une dernière fois
À l'amitié, l'amour, la joie
On a fêté nos retrouvailles
Ça m'fait d'la peine,
mais il faut que je m'en aille… »

Graeme Allwright,
« Il faut que je m'en aille »

En amour, la séparation est une promesse. La séparation attise le feu des passions. Quelle sensation de baiser les lèvres de la personne aimée sur le quai d'une gare ou à la descente de l'avion, de pouvoir enfin la serrer dans les bras, de toucher sa peau, de sentir sa chaleur, de baiser ses joues, de regarder ses yeux, de faire l'amour la nuit entière, ivre de joie et du bonheur de se retrouver après ces jours aussi longs qu'une éternité… Ce sont des sensations uniques, intenses, orgasmiques… que nous payons du prix de la séparation.

« Se retrouver après une longue séparation est plus agréable qu'une nuit de noces. »

Proverbe chinois

Il y a aussi la séparation des couples qui se sont aimés. Cette séparation est souvent douloureuse, au moins pour le partenaire encore amoureux, encore attaché, tandis que l'autre part… Pour celui qui aime encore, il va falloir panser cette blessure. Si c'est ton cas, tu as le droit d'être triste et de pleurer. Tu as le droit d'écouter des chansons qui te parlent du passé et de sombrer, ivre de nostalgie. Et quand tu auras bien pleuré, relève-toi et vis, car en toi il y a la vie qui est forte.

« On a vu souvent
Rejaillir le feu
D'un ancien volcan
Qu'on croyait trop vieux
Il est, paraît-il,
Des terres brûlées
Donnant plus de blé
Qu'un meilleur avril
Et quand vient le soir
Pour qu'un ciel flamboie
Le rouge et le noir ne s'épousent-ils pas ?
Ne me quitte pas
Ne me quitte pas

Ne me quitte pas
Ne me quitte pas. »

Jacques Brel,
« Ne me quitte pas »

Et puis il y a la séparation dans la famille. Quand les enfants grandissent et quittent la maison qu'ils peuplaient de rires et de disputes, laissant le lieu un peu vide et silencieux... Soyons heureux de les voir prendre leur envol, devenir des hommes et des femmes épanouis, et profitons-en pour vivre une seconde jeunesse : revoir des amours ou des amis passés, rencontrer de nouvelles personnes et vivre de nouvelles aventures. Laissons les enfants prendre leur envol et prenons le nôtre encore une fois !

« Mes chers parents, je pars
Je vous aime, mais je pars
Vous n'aurez plus d'enfants
Ce soir
Je ne m'enfuis pas, je vole
Comprenez bien, je vole
Sans fumée, sans alcool
Je vole, je vole
Elle m'observait hier
Soucieuse, troublée, ma mère
Comme si elle le sentait
En fait elle se doutait
Entendait

J'ai dit que j'étais bien
Tout à fait, l'air serein
Elle a fait comme de rien
Et mon père démuni
A souri

Ne pas se retourner
S'éloigner un peu plus
Il y a à Gard une autre gare
Et enfin l'Atlantique
Mes chers parents,, je pars
Je vous aime, mais je pars
Vous n'aurez plus d'enfants
Ce soir
Je ne m'enfuis pas, je vole
Comprenez bien, je vole
Sans fumée, sans alcool
Je vole, je vole. »

Michel Sardou,
« Je vole »

Prendre une décision importante

Lorsque je t'ai vu, tu devais prendre une décision importante. Tu avais peur de faire le mauvais choix. Voilà ce que j'aurais aimé te dire pour te donner le moyen de prendre la décision qui te rendra heureux… J'aurais sans doute commencé par te raconter cette histoire.

Un jeune couple vient de décider d'emménager dans un nouvel appartement qu'il vient d'investir tout son argent pour acquérir un appartement dans une résidence toute neuve composée de douze logements identiques avec balcon. Au moment de faire la décoration, ils ont donc des moyens assez limités. Ils décident néanmoins de poser un papier peint dans leur salon.

Étant inexpérimentés dans le domaine de la décoration et des travaux d'intérieur, ils décident de demander conseil à leur voisin, qui vient de poser du papier peint chez lui :

— Bonjour ! Nous avons remarqué que vous veniez de poser du papier peint. Nous souhaiterions nous aussi le poser nous-mêmes. Combien de rouleaux avez-vous achetés ?

— Neuf, répond le voisin!
Dès le lendemain, le jeune couple se rend dans un magasin de bricolage et achète neuf rouleaux de papier peint. Ils passent tout leur week-end à le poser. Une fois la pose terminée, ils constatent qu'il leur reste quatre rouleaux complets. Ils sont un peu déçus, car ils ont perdu de l'argent en achetant ces rouleaux inutiles. Ils en veulent à leur voisin de leur avoir donné une mauvaise indication.
Le lendemain, ils le croisent dans l'ascenseur.
— Bonjour, vous nous aviez dit que vous aviez acheté neuf rouleaux de papier peint pour votre salon. Nous avons suivi votre conseil et en avons acheté neuf. Pourtant, il nous en reste quatre!
Et le voisin de répondre:
— Ah! Vous aussi*!

Lorsque tu veux prendre une décision, surtout une décision importante, éviter de te fier à l'avis des autres. En effet, les autres personnes n'ont pas la même vision de la vie que toi. Elles n'ont pas les mêmes attentes, ni la même personnalité. Aussi, il est probable que ce qu'elles te conseilleront de faire reflètera davantage ce qu'elles feraient si elles étaient à ta place que ce que tu devrais faire. En suivant leurs conseils, tu risques de prendre une décision qui serait bonne pour eux, mais qui ne serait pas bonne pour toi.

---

* Cette histoire est extraite du livre de Patrick Butteau, *Manager, un véritable jeu avec la PNL* (2002).

Si tu prépares un voyage et que tu demandes à quelqu'un ce qu'il convient de visiter dans un pays, il y a de fortes chances qu'il te conseille d'aller dans un musée s'il aime les musées, d'aller faire une randonnée dans la nature, s'il aime faire des randonnées dans la nature, d'aller visiter un monument s'il aime l'histoire. Les conseils que te donnent les gens ne sont que le reflet de ce qu'ils aiment ou n'aiment pas. Leurs conseils t'en apprennent plus sur eux que sur la bonne décision à prendre en ce qui te concerne.

Il était une fois une femme qui était née dans les îles. Sa mère était une femme acariâtre qui buvait beaucoup d'alcool. Ses sœurs étaient analphabètes et passaient leur temps à faire des bêtises. Elle était la seule à être sérieuse et à travailler à l'école.
Sa vie durant, elle s'occupa de sa mère et de ses sœurs dont elle se sentait responsable. Elle avait peur qu'il ne leur arrive malheur. Aussi passait-elle tout son temps et dépensait-elle tout son argent pour aider sa mère et ses sœurs, qui se comportaient mal.
Elle était malheureuse, car elle avait un bon travail et elle gagnait bien sa vie, mais elle n'avait jamais pu faire ce qu'elle aimait vraiment. Aussi, un jour, elle alla voir un psychologue pour qu'il l'aide à aller mieux.
Celui-ci l'écouta, puis il ouvrit l'un des tiroirs de son bureau. Il en tira deux petits appareils en fer, qui étaient en réalité des boussoles. Il les posa sur son bureau de façon qu'elle puisse bien les voir. Et il lui dit: « L'aiguille de la première boussole dirige toujours vers le sacrifice

de soi. Si vous suivez cette aiguille, vous ferez toujours ce qu'il faut pour être "normale", respecter les conventions sociales et assumer le rôle que les autres veulent que tu joues. L'aiguille de la deuxième boussole dirige toujours vers le "bonheur". Si vous suivez cette aiguille, vous ferez toujours tout pour avoir une vie en accord avec ce que vous êtes profondément, à l'intérieur de vous-même. Quelle est la boussole que vous voulez-suivre maintenant ? »

À votre avis, quelle boussole choisit de suivre cette femme ?

Cette femme choisit de suivre la boussole des conventions sociales. Elle avait trop peur d'être jugée et considérée comme une mauvaise mère parce qu'elle ne se serait pas correctement occupée de son fils, de passer pour une mauvaise fille, parce qu'elle ne se serait pas suffisamment occupée de sa mère et pour une mauvaise sœur parce qu'elle n'aurait pas prêté assistance à ses sœurs. Pourtant, aucune de ces personnes ne lui avait jamais fait du bien et ni apporté de bonheur.

Si elle avait choisi la boussole du bonheur, elle serait devenue un exemple pour son fils, sa mère et ses sœurs, l'exemple d'une personne qui réussit sa vie. Elle les aurait renvoyés à leurs propres responsabilités. Car chacun, même les enfants, est maître de sa vie. Il revient à chacun de prendre des décisions, de choisir ses modèles, de prendre un chemin. Nous ne sommes pas responsables de ce qui arrive aux autres. Nous n'avons aucun pouvoir sur leur vie, même sur la vie de nos enfants.

Quelle est la boussole que tu veux suivre ? Veux-tu suivre celle des conventions sociales et être quelqu'un de « normal », ou veux-tu faire tomber le masque et être toi-même ? Es-tu prêt à en payer le prix ? Celui d'une remise en question de tes avantages acquis, de ton statut, de ta valeur au sein de la société. Suivre la boussole du bonheur, c'est entrer dans une nouvelle façon d'évaluer sa vie, non plus en fonction de sa réussite et de son statut, mais en fonction de son bien-être et de son épanouissement personnel.

Lorsque tu dois prendre une décision importante, rappelle-toi la réponse que tu as déjà donnée à ces quatre questions :

- Quelles sont mes valeurs ?
- Quels sont mes besoins ?
- Quelle est ma personnalité profonde ?
- Quels sont mes talents ?

Choisis toujours la décision qui est la plus proche de tes valeurs, qui te permettra de répondre à tes besoins, qui sera en adéquation avec ta personnalité profonde et qui te permettra de solliciter tes talents. Pour prendre de bonnes décisions, il te faut d'abord bien te connaître.

« Ayez le courage de suivre votre cœur et votre intuition. L'un et l'autre savent ce que vous voulez réellement devenir. Le reste est secondaire. »

Steve Jobs,
« Discours à l'université de Stanford »

La chose qui peut le plus t'aider à prendre les bonnes décisions est ton intuition. L'intuition est une perception qui n'est pas rationnelle ou basée sur la logique. L'intuition, c'est l'intelligence du cœur. Quand tu commences à réfléchir, ton inconscient a déjà analysé tous les paramètres de la situation et il t'a déjà fait connaître sa décision sous la forme d'une intuition. Ton inconscient pense toujours à te protéger et à t'apporter le meilleur dans ta vie, alors écoute-le !

« L'intuition est une vue du cœur dans les ténèbres. »

André Suarès

« C'est avec la logique que nous prouvons et avec l'intuition que nous trouvons. »

Henri Poincaré

Tu ne peux pas connaître toutes les conséquences de tes décisions. Le destin est impénétrable. Tu peux penser qu'une décision aura des conséquences positives, mais c'est l'inverse qui se produit, et inversement. La seule chose dont tu peut être assuré, c'est de ta capacité à faire que la décision que tu as prise est la bonne. Prends rapidement ta décision, puis agis pour faire en sorte que cela soit la bonne. C'est ainsi que la décision prise deviendra effectivement la bonne décision.

« Quand quelqu'un prend une décision,
il se plonge en fait dans un courant impétueux
qui l'emporte vers une destination qu'il n'a jamais
entrevue, même en rêve. »

Paulo Coelho,
« L'Alchimiste »

Se sentir victime de la malchance

En rentrant chez moi, j'ai repensé à ce que l'on s'était dit, et je veux que tu saches que je te comprends. Tu as été victime de tellement de malchance que tu te crois « maudit »... Sur le coup, je n'ai pas trouvé les mots pour t'apaiser, mais voilà ce que j'aurais aimé te dire pour te montrer que les choses ne sont pas toujours telles qu'on les croit... Et j'aurais sans doute commencé par te raconter cette histoire surprenante.

Un bateau avait fait naufrage sur un récif perdu au milieu de l'océan. Le seul survivant avait réussi à nager jusqu'à une petite île déserte très éloignée des routes maritimes. Chaque jour, il priait pour que quelqu'un vienne le sauver. Il s'asseyait sur le plus haut rocher de l'île et passait sa journée à surveiller l'horizon. Mais il ne voyait jamais aucun bateau passer.

Afin de se protéger du soleil qui tapait fort la journée et du froid de la nuit, il se fabriqua avec des branchages une petite cabane. Il était très fier de sa cabane, car elle était solide et lui permettait de se tenir à l'abri. Il avait ainsi le sentiment d'avoir un chez-lui sur cette île uniquement peuplée d'animaux sauvages.

Quelques jours plus tard, alors qu'il rentrait d'une journée de chasse, il aperçut de la fumée. C'était sa cabane qui était en train de brûler. Le soleil avait tapé toute la journée à travers le verre cassé d'une bouteille et avait mis le feu aux branches de palmiers séchés. L'homme tomba à genoux désespéré.

Il pleura toutes les larmes de son corps, passant sa nuit à se lamenter sur son sort et à se demander pourquoi la malchance s'acharnait sur lui. Faire naufrage n'avait pas suffi, il fallait aussi qu'il perde dans un incendie sa cabane et les seules choses qu'il avait réussi à sauver du naufrage et sur lesquelles il comptait pour survivre. Épuisé de chagrin, de colère, groggy par le froid de la nuit qui était tombée, il finit par s'endormir sur la plage. Très tôt, le lendemain matin, il fut réveillé par une corne de brume. Il se frotta les yeux et aperçut comme dans un rêve la silhouette d'un bateau qui mouillait au large et d'une chaloupe qu'on jetait à la mer.

Lorsqu'il fut sur le bateau, il demanda au capitaine: « Comment avez-vous su que je me trouvais ici? »

Le capitaine étonné répondit: « Mais nous avons vu vos signaux de fumée* ! »

Une vieille éleveuse de chevaux possédait une très belle jument dont elle se servait pour labourer ses champs. Un jour, la jument disparut. Elle s'était échappée de son enclos durant la nuit. Tous les gens du village vinrent

* Histoire librement adaptée de *Pour le cœur et pour l'esprit*, de Patrick Leroux (2011).

voir la femme pour la plaindre. Mais elle leur répondit: « Est-ce une chance ou une malchance? Je ne saurais le dire. »
Sept jours plus tard, la jument réapparut, suivie par un magnifique étalon qui lui donnerait de beaux poulains. Elle allait pouvoir reprendre son élevage et gagner un peu d'argent. Les gens du village vinrent la voir pour la féliciter. Mais elle leur répondit: « Est-ce une chance ou une malchance? Je ne saurais le dire. »
Le fils de l'éleveuse essaya de monter l'étalon et de le dresser. Mais c'était un étalon très sauvage, et le fils fit une mauvaise chute et se brisa la jambe. Tous les gens du village vinrent voir la femme pour la plaindre. De nouveau, elle leur répondit: « Est-ce une chance ou une malchance? Je ne saurais le dire. »
Un mois plus tard, un représentant de l'armée vint au village pour la conscription. Leur pays venait d'entrer en guerre et tous les jeunes hommes en bonne santé étaient réquisitionnés pour partir au front. À cause de sa jambe cassée, le fils de l'éleveuse ne put être enrôlé et il ne fit pas la guerre.
La femme se dit alors à elle-même: « Est-ce une chance ou une malchance? Je ne saurais le dire. »

Il est humain d'évaluer les événements qui surviennent dans son quotidien. Mais nous n'avons pas le pouvoir de tout prévoir ni de tout contrôler. Face aux aléas de la vie, gardons-nous de tirer des conclusions trop hâtives. Avec le temps notre vision s'affine, notre jugement se précise, de nouveaux éléments peuvent rentrer en jeu et venir démentir nos premières impressions. C'est ainsi que certains événements peuvent sembler annoncer des difficultés insurmontables, alors qu'ils sont sans doute des opportunités.

Connais-tu la loi de la tartine beurrée ? Cette loi est une application de la loi de Murphy. La loi de Murphy veut que « tout ce qui est susceptible de mal tourner tournera nécessairement mal ». Cela veut dire en clair que, quand un malheur est susceptible d'arriver, il arrivera. Appliquée à une tartine de beurre, cela signifie que si vous faites tomber votre tartine, elle tombera systématiquement du côté du beurre, laissant une vilaine tache grasse sur votre plancher, et votre tartine salie ne sera plus bonne que pour la poubelle…
En réalité, cette loi est fausse. Elle a été étudiée par des experts qui ont démontré que sur 300 « lâchers de tartine beurrée », la tartine tombe 148 fois sur le côté beurré et 152 fois sur le côté non beurré. Le fait que la tartine tombe ou nous sur le côté beurré dépend d'une multitude de paramètres, dont la hauteur de la table qui peut ou non lui permettre, dans certaines conditions, de réaliser un demi-tour ou un tour complet. Et les conséquences pour la tartine elle-même vont dépendre également de l'état de propreté du sol !
La loi de Murphy est elle-même liée à la loi LEM, ou « loi de l'emmerdement maximal ». Selon cette loi, quand quelque chose tourne mal, quelque chose de pire arrive toujours à ce moment-là. Donc, faites attention : si vous laissez tomber votre tartine, il se peut qu'elle chute sur

la face beurrée et que, dans un moment d'inattention, votre pied glisse sur le beurre qui tache le sol, ce qui va probablement vous faire basculer en arrière et peut-être vous briser la jambe ! Heureusement que l'intelligence permet d'éviter ce type de désagréments...

Chance ou malchance ne sont pas seulement liées au hasard. Elles dépendent avant tout de tes comportements. Par exemple, les personnes toujours en conflit sont souvent colériques, orgueilleuses et intransigeantes. Elles se plaignent de rencontrer sans cesse des conflits qu'elles contribuent en fait à créer. Elles créent ainsi leur malchance. Mais si elles modifient leurs comportements, elles peuvent s'attirer de nouveau de la chance dans leurs relations.

« La folie consiste à faire la même chose encore et encore et à attendre des résultats différents. »

Albert Einstein

Si tu rencontres à plusieurs reprises les mêmes types d'événements et que tu penses être victime de malchance à répétition, interroge-toi sur ta manière de faire tes choix et d'agir. Car peut-être fais-tu de mauvais choix en suivant de mauvais scénarios qui t'apportent toujours les mêmes problèmes. Cela arrive très souvent en amour ou dans le domaine professionnel. Les mêmes causes produisent les mêmes effets. En changeant les causes, on peut aussi modifier les conséquences et faire revenir la chance dans sa vie !

« La vie que nous avons aujourd'hui,
que cela nous plaise ou non, est le produit
de l'ensemble des choix que nous avons faits,
ou que nous avons refusé de faire ! »

Philippe Gabilliet

«J'ai toujours fait confiance aux rêves prémonitoires, raconte un parieur invétéré. Un jour, j'ai vu dans un rêve un pur-sang dont le jockey portait le numéro 7 sur sa casaque. À mon réveil, j'ai vu qu'il était 7 h 07 précisément et qu'on était le 7 du mois. En lisant le journal, j'ai découvert que, dans la septième course, devait courir un cheval appelé Sept Nains. J'ai retiré tout mon argent et j'ai misé 7000 euros sur ce cheval.
— D'accord. Et il a fini premier?
— Non. Septième.

Si tu penses ne pas avoir de chance, lis ces sept histoires vraies.

En décembre 2012, dans un village d'Espagne du nom de Sodeto, tous les habitants ont joué le soir de Noël le même numéro à la loterie. Ils ont gagné 900 millions d'euros à se partager. Tous les habitants sont devenus riches, sauf un, Costis Mitsotakis. Il avait été oublié par les organisateurs de l'opération et n'avait en conséquence pas acheté de ticket.

Le 6 août 1945, Tsutomu Yamaguchi devait se rendre à Hiroshima. Alors qu'il était dans le tramway, la première bombe atomique a explosé. Il perdit une partie de l'audition et de la vue. Il est alors reparti chez lui, à Nagasaki. À Nagasaki, la deuxième bombe atomique a explosé. Tsutomu Yamaguchi a ainsi survécu à deux bombes atomiques. Il est mort en 2010 à l'âge de 93 ans.

Roy Sullivan est garde-forestier. Ce ranger américain a été frappé sept fois par la foudre entre 1942 et 1977. Il a survécu à chaque fois.

Erik Norrie attire la malchance. Il a été attaqué par un requin et a perdu une partie de sa jambe. Avant cela, il avait déjà été frappé par la foudre, mordu par un serpent venimeux et attaqué par des singes.

Selak est un professeur croate. En 1962, il a survécu au déraillement d'un train tombé dans un fleuve. Puis, quelques années plus tard, l'avion qu'il avait pris pour quitter la Croatie s'est écrasé. Dix-neuf personnes ont pér, mais il en a réchappé. Trois ans plus tard, l'autobus dans lequel il se trouvait est tombé dans un fleuve, occasionnant la mort de quatre personnes. En 1970, sa voiture a explosé après un accident, mais il a réussi à s'échapper de l'habitacle juste avant. En 1973, une autre de ses voitures a explosé. Il a perdu tout son cuir chevelu, mais pas la vie. Puis, en 1993, il est passé sous les roues d'un bus… Il a survécu également à cet accident.

En 1954, Ann Hodge, une Américaine âgée de 30 ans vivant dans l'Alabama, a vu sa maison détruite par une météorite. À ce jour, c'est la seule personne jamais frappée par une météorite.

Dans un village français, les habitants avaient l'habitude de jouer ensemble toujours les mêmes numéros au loto, jusqu'au jour où le buraliste a oublié de valider la grille. Or, que ce jour-là, la grille était gagnante…

« La chance, ce n'est pas ce qui vous arrive, mais ce que vous allez faire avec ce qui va vous arriver. »

Richard Wiseman

S'il t'arrive un événement très négatif, tu dois t'interroger sur la manière dont tu vas réagir. Pose-toi au moins ces trois questions : pourquoi cet événement m'est-il arrivé ? Qu'est-ce que j'aurais pu faire pour l'éviter ? Qu'est-ce que cet événement m'a appris et comment je pourrais faire pour ne pas que cela se reproduise dans l'avenir ? Le passé prend sa source dans l'avenir… Aucune erreur n'est grave à condition de ne pas la reproduire et d'en tirer les enseignements nécessaires pour le futur.

N'accable jamais le hasard ou la malchance, car cela te priverait d'analyser ta propre responsabilité dans ce qui t'arrive. Attribuer la cause d'un événement au hasard revient à nier sa responsabilité. Qu'il s'agisse d'événements positifs ou négatifs, attribuer leur survenue à la malchance ou à sa bonne étoile empêche d'identifier les comportements qui mènent à l'échec ou au succès. Ne pas les identifier, c'est s'empêcher de prévenir les malheurs et de réitérer les succès.

Connais-tu la pensée créatrice ? La pensée créatrice revient à penser très fortement à un objectif ou à la survenue d'événements heureux dans sa vie. En faisant cela, on se met en disposition d'atteindre cet objectif et de provoquer la survenue de ces événements. En mobilisant sa pensée créatrice, on favorise la chance parce qu'inconsciemment on fait ce qu'il faut pour que la chance survienne. Ose t'imaginer un avenir heureux et la fin de tes embêtements, et tes embêtements prendront fin.

S'adapter au changement

Lorsque je t'ai vu, tu étais confronté à un changement majeur dans ta vie, et tu luttais pour l'éviter. Voilà ce que j'aurais aimé te dire, pour t'aider à faire de ce changement une opportunité… J'aurais sans doute commencé par te raconter cette histoire

Il était une fois une goutte d'eau qui vivait dans l'océan. À l'endroit où elle vivait, elle se plaisait beaucoup. Elle avait beaucoup d'amies gouttes d'eau et tout se passait parfaitement pour elle. Mais un jour, la température commença à augmenter. C'était l'été qui venait et le soleil se mit à chauffer la surface de l'océan. La goutte d'eau commença à se sentir bizarre. C'était étrange, mais elle avait l'impression de grandir. Et ce n'était pas seulement une impression, elle grandissait et grandissait. À mesure qu'elle grandissait, elle devenait également plus légère. Tout à coup, elle fut si grande et si légère qu'elle s'envola.

Elle monta très eau dans le ciel et arriva dans un nuage, qui était un endroit qu'elle ne connaissait pas. Le nuage était peuplé de gouttes d'eau comme elle qui s'étaient transformées en vapeur d'eau. La petite goutte d'eau était un peu triste, car elle avait laissé certaines de ses amies les plus chères dans les profondeurs de l'océan. Au bout de quelque temps, elle se fit de nouvelles amies, s'habitua à sa nouvelle taille et à son nouveau poids, et commença à aimer sa nouvelle vie dans les airs, dans ce nuage toujours inondé de lumière, par le soleil le jour ou par la lune la nuit. C'était très beau de vivre ici. Mais un jour, elle ressentit quelque chose d'autre. Il fit subitement très froid, elle rapetissa tout à coup et devint très lourde. Sans avoir eu le temps de dire « Ouf », elle se mit à tomber très vite... vers un endroit qu'elle ne connaissait pas et qui s'appelait une montagne. Quand elle tomba du ciel, elle rebondit puis atterrit sur un brin d'herbe, ce qui était pour elle un drôle d'endroit. Elle pensait être arrivée, quand elle se mit à rouler sur l'herbe, tomba sur la terre et se mit à descendre sans pouvoir s'arrêter dans les profondeurs. Elle descendit très profond avant de tomber dans une rivière souterraine. Là régnait un bazar incroyable. Il y avait des tas de gouttes qu'elle ne connaissait pas et qui tournaient dans tous les sens à toute vitesse en descendant sous la terre. Elle réapparut dans un torrent et continua à dévaler à toute vitesse les flancs de la montagne. Le lendemain, elle descendait encore. Cela allait tellement vite qu'elle n'arrivait pas à s'habituer, puis elle finit par se faire à sa nouvelle vie, qui était de couler très vite parmi des milliers de gouttes d'eau.

La vitesse ralentit, donc elle se mit elle aussi à descendre très lentement et la vitesse lui manqua. Elle se dit que c'était finalement génial de vivre dans un torrent.

Quelques semaines plus tard, elle arriva dans la mer et retrouva le monde qu'elle avait quitté auparavant. Elle fut surprise d'être revenue à son point de départ. Elle se dit que, sans doute, elle était passée par un cycle naturel de transformation. Elle commença une nouvelle vie tranquille avec de nouvelles amies, et tout allait pour le mieux dans le plus beau des océans lorsqu'elle sentit la lumière du soleil sur son dos... À peine eut-elle le temps de réfléchir que son corps devint soudainement léger et grand, et s'envola vers les nuages. Le grand manège du changement était reparti, mais cette fois elle n'avait plus peur !

Le corps humain est composé à 55 % d'eau. Cela veut dire qu'il possède une très grande capacité à changer. Car l'eau est la substance du changement par excellence. Elle est eau le premier jour, gaz le deuxième jour et glace le troisième jour. Elle change de forme en fonction de la pression et de la température, s'adaptant toujours parfaitement à son environnement, sans jamais subir aucune altération. Elle s'adapte à toutes les conditions, et change de forme tout en demeurant elle-même.
Lorsqu'elle descend la montagne sous la forme d'un ruisseau puis d'un torrent, elle contourne les obstacles, passe par les chemins les plus courts, s'adapte à chaque relief. Elle ne maudit pas la pierre qui lui barre le chemin, elle se contente d'en faire le tour ou, si elle ne peut pas passer, elle s'infiltre dans le sous-sol pour ressortir plus loin. Et si elle ne peut s'y infiltrer, alors elle déborde. Et si elle ne peut déborder, alors le soleil la transforme en vapeur et elle s'échappe dans un grand nuage.

« Les espèces qui survivent ne sont pas les espèces les plus fortes, ni les plus intelligentes, mais celles qui s'adaptent le mieux aux changements. »

Charles Darwin

Un jour, le cocon d'un papillon commença à se fendiller. Une femme qui assistait à la scène s'assit pour observer le papillon batailler afin de sortir de sa chrysalide. Très vite, elle eut le sentiment que l'insecte n'allait pas y arriver. Le papillon semblait épuisé et il ne bougeait quasiment plus.

Désirant l'aider, la femme se saisit alors d'une paire de ciseaux et découpa délicatement le cocon, de telle sorte que le papillon n'ait plus aucune difficulté pour sortir. Effectivement, celui-ci émergea aisément du cocon. Le petit papillon avait un corps chétif avec des ailes atrophiées et froissées. La femme se dit : « Ce n'est pas grave, il va se développer. »

La femme ouvrit la fenêtre pour que le papillon puisse s'envoler dans le jardin lorsqu'il serait prêt, puis vaqua à ses occupations. Quand elle revint quelques heures plus tard dans la pièce pour refermer la fenêtre, elle constata que le papillon était toujours là. Il n'était pas parvenu à déployer ses ailes et s'était contenté de marcher sur la table.

En fait, le papillon ne réussit jamais à déployer ses ailes. Il passa le reste de sa vie à ramper avec son petit corps, incapable d'utiliser ses ailes rabougries. Ce que la femme ignorait, c'est que le cocon trop étroit est une ruse de la Nature pour forcer le papillon à le percer et à entraîner ses ailes… C'est à cette condition seulement qu'il peut s'envoler*.

Chaque changement que te réserve l'existence comporte son lot d'efforts et de souffrances. Ces efforts et ces souffrances sont en fait nécessaires pour t'aider à t'adapter à la situation nouvelle. Si tu refuses de t'y confronter, tu ne pourras pas t'adapter et, au lieu de gagner la liberté et les nouvelles possibilités promises par la transformation, tu perdras toutes tes capacités. Tu resteras un être à mi-chemin, inadapté à l'ancien monde qui n'existe plus et au nouveau monde qui est là.

« Les homards, quand ils changent de carapace, perdent d'abord l'ancienne et restent sans défense le temps d'en fabriquer une nouvelle. Pendant ce temps, ils sont en grand danger. Pour les adolescents, c'est un peu la même chose. »

Françoise et Catherine Dolto

Le complexe du homard symbolise bien le passage obligé de tout changement. Tout changement entraîne une mue. Durant cette mue, de la même manière que le homard est privé de la précieuse carapace qui le protège, les hommes et les femmes sont fragilisés. Ils ne savent plus exactement qui ils sont, comment réagir, comment

---

* Cette histoire est librement inspirée d'un récit du baron d'Olbach (1723-1789).

se défendre. Ils sont plus sensibles, privés de la solidité d'une identité plus ancienne. La carapace représente cette identité qui se fortifie avec le temps.
Si tu t'apprêtes à changer, si tu es en train de changer et que tu ressens ce type d'émotions, c'est tout à fait normal. Tu dois juste te montrer patient et accompagner le processus. La seule manière d'accompagner le processus est d'avoir de la compassion vis-à-vis de toi-même. Traite-toi avec douceur, tendresse et amour. Sois l'adolescent qui change et perd sa carapace, et sois le parent protecteur qui l'observe et lui vient en aide. Ces deux personnes cohabitent en toi, donc sois attentif à leurs messages.

« Vivre c'est changer – voilà la leçon que les saisons nous enseignent. »

Paulo Coelho

Le jour où tu dois changer, tu cours le risque de la nostalgie... Le passé exerce un grand pouvoir de fascination sur les gens qui ont peur du changement ou le refusent par peur de ses conséquences. Et la nostalgie est comme un alcool dont on peut s'enivrer pour ne pas avoir à regarder devant. Si tu commences à éprouver ce sentiment, c'est que tu es dans la mauvaise direction. Tu as pris un chemin qui mène à une impasse. Il te faut revenir en arrière et reprendre le chemin qui mène à l'avenir.

« Le passé prend sa source dans l'avenir. »

Pour ne pas sombrer dans la nostalgie, tu dois chercher à faire du changement une opportunité. Tu dois avoir confiance dans l'avenir. Tu dois avoir confiance en toi. C'est un devoir et une preuve d'intelligence. De la même manière que la chenille ne sait pas qu'en devenant papillon elle pourra voler, celui qui perd son emploi, divorce ou fait faillite ne sait pas que ce changement majeur lui réserve en réalité de nombreuses joies et ouvre de nouveaux possibles dans sa vie.
L'adolescent ne sait pas qu'en devenant adulte, il deviendra un être doué de capacités, de compétences et de droits qu'il ne possède pas encore. Il pense qu'il vaut mieux rester un adolescent qui n'a pas de responsabilités, qui va à l'école et s'amuse avec ses copains... Pourtant, une fois devenu adulte, il est maître de sa vie, en capacité de visiter le monde, de faire mille rencontres, de gagner l'argent nécessaire à la réalisation de ses rêves, de sortir de sa vie routinière et protégée pour vivre une aventure humaine.

Il existe deux types d'individus : les sédentaires et les nomades. Les sédentaires ont fait le choix, il y a des milliers d'années d'arrêter de voyager, pour s'installer et profiter du confort et de l'abondance liés à l'agriculture. Les nomades, eux, ont continué à voyager, à découvrir le monde, choisissant une vie ponctuée de changements permanents. Dans les sociétés modernes, nous naissons sédentaires pour la plupart, mais nous pouvons aussi faire le choix de devenir nomades.

Dans ma chambre le lit se trouvait ici, l'armoire là, et entre les deux il y avait la table.
Jusqu'au jour où j'en ai eu assez. Je déplaçai le lit là, et l'armoire ici.
Pendant un certain temps, je sentis couler en moi un courant novateur vivifiant. Mais au bout de quelques jours, l'ennui revint. J'en tirai la conclusion que la source de mon ennui était la table, ou plutôt sa position immuablement centrale.
Je poussais donc la table là, et le lit au milieu. De façon anticonformiste.
Cette nouveauté me redonna de la vitalité, et tant qu'elle dura, j'acceptais la gêne anticonformiste qu'elle occasionnait. En effet, je ne pouvais plus dormir le visage tourné vers le mur, ce qui avait toujours constitué ma position préférée.
Au bout d'un certain temps, néanmoins, la nouveauté cessa d'être nouvelle, et seule subsista la gêne. Dans ces conditions, je poussai le lit ici, et l'armoire au milieu.
Cette fois, le changement fut radical. En effet, l'armoire au milieu de la chambre, c'était plus que de l'anticonformisme. C'était de l'avant-garde.
Au bout d'un certain temps, néanmoins... Ah, ce maudit « certain temps » ! Bref, même l'armoire au milieu de la chambre cessa de me paraître quelque chose de nouveau et d'inhabituel.
Il convenait d'opérer une cassure, de prendre une décision fondamentale. Si aucun véritable changement n'était possible dans le cadre que j'occupais, il importait

de sortir de ce cadre. Dès lors que l'anticonformisme se révélait insuffisant, que l'avant-garde ne donnait aucun résultat, il fallait accomplir une révolution. Je pris la décision de dormir dans l'armoire. Tous ceux qui ont essayé de dormir debout dans une armoire savent que, avec une telle absence de confort, on est assuré de ne pas trouver le sommeil. Sans parler de l'exténuation qui s'empare des jambes, et des douleurs dans la colonne vertébrale.

Oui, ce fut la bonne décision. Succès, victoire complète. Car, cette fois, même le « certain temps » n'eut aucune prise. Au bout d'un certain temps, non seulement je ne m'habituais pas à mon changement, c'est-à-dire que le changement demeura changement, mais je ressentis au contraire ce changement avec de plus en plus d'acuité, car la douleur allait croissant à mesure que le temps passait.

Tout aurait donc été pour le mieux, n'eût été ma résistance physique, qui s'avéra limitée. Une certaine nuit, je n'y tins plus. Je sortis de l'armoire et m'allongeais sur le lit. Je dormis trois jours et trois nuits. Après quoi je poussais l'armoire contre le mur, et la table au milieu, car l'armoire au milieu me gênait. Maintenant, le lit se trouve ici, comme avant, l'armoire là, et entre les deux il y a la table. Quand l'ennui me guette, je me remémore l'époque où j'étais révolutionnaire*.

---

* Ce texte est extrait du livre *La vie est difficile*, de Slawomir Mrozek (1991).

« Sois le changement que tu désires voir en ce monde. »

Gandhi

Dans ta vie, sois à l'initiative des changements. Si tu es dans l'anticipation, tu seras le maître de ta vie. Tu n'auras pas à subir de changements non désirés. Et si des changements non désirés surviennent malgré tout, accepte-les avec humilité sans tomber dans le désespoir. Ne t'apitoie pas sur ton sort. Passe à l'action jusqu'à avoir repris les rênes. Sois attentif, car les opportunités sont là. À toi de les découvrir et de les voir en changeant tes yeux. Change tes yeux et tu verras différemment ta vie. Alors le changement sera une expérience extraordinaire.

Dans la vie, il existe deux types de personnes : les établis et les outsiders. Les établis sont installés depuis longtemps dans un endroit, un secteur, un métier. Ils connaissent tout, et leur antériorité leur donne accès à tous les avantages et à toutes les facilités. Les outsiders sont de nouveaux arrivants. Ils n'ont aucune antériorité et la vie est beaucoup plus difficile. Mais ce qui est le plus difficile, c'est de passer d'un statut d'établi à un statut d'outsider. Le prix du changement est donc souvent celui de l'humilité.

« L'humilité rend invulnérable. »

Marie von Ebner-Eschenbach

Tu l'auras compris, le changement est toujours une mise à l'épreuve. Il te confronte à l'impuissance de voir ta situation changer. La seule parade est le désir de changement. La vie étant changement, le désir de changement n'est rien d'autre qu'un désir de vivre. Si tu désires profondément vivre ta vie, alors tous les changements qui surviendront, tu les accueilleras comme des bénédictions. Même si les changements te conduisent à traverser des moments difficiles, je suis convaincu que tu sauras en tirer le meilleur parti.

Vivre un conflit

Lorsque je t'ai vu, tu étais en plein conflit. Ce conflit t'épuisait et t'abîmait au plus profond de toi. Voilà ce que j'aurais aimé te dire, pour t'aider à résoudre ce conflit et à le dépasser… J'aurais sans doute commencé par te raconter cette histoire.

Il y a très longtemps, des hommes et des femmes qui désiraient faire état de leur puissance eurent l'idée d'édifier une tour destinée à s'approcher du ciel dans le but de toucher Dieu. À cette époque, tous les habitants de la terre ne parlaient qu'une seule langue.
Dieu n'approuvait pas la construction de cette tour, qui était pour lui le symbole de l'orgueil et de l'arrogance, et décida d'y faire obstacle. Pour cela, il donna une langue différente à tous ceux qui construisaient la tour. Les hommes et les femmes qui bâtissaient la tour se retrouvèrent dans l'impossibilité de s'entendre. La construction s'arrêta, et tous les hommes et les femmes se dispersèrent sur la surface de la terre.

De nombreux conflits sont provoqués par la langue. Lorsque les protagonistes ne parlent pas la même langue,

cela crée des incompréhensions. Ces incompréhensions génèrent des frustrations qui peuvent se transformer en conflit durable. La première chose à faire pour résoudre un conflit est donc d'essayer de parler la langue de l'autre. Cela demande un effort particulier, car la langue de l'autre est très difficile à parler, plus difficile qu'une langue étrangère, puisqu'il n'existe bien souvent aucun dictionnaire permettant son apprentissage.
Aussi, il convient de prendre le temps de comprendre le sens des mots que ton interlocuteur emploie. Il faut être attentif aux intonations de sa voix et aux émotions qui passent dans ses yeux. Il est nécessaire de lui poser des questions pour expliciter ce qu'il pense ou ressent. Un mot n'a pas le même sens pour deux personnes. On peut le découvrir, même après avoir vécu dix ans à côté d'un homme ou d'une femme. En comprenant mieux l'autre, on parvient à identifier les origines du conflit et comment le dépasser.

> Il était une fois deux tribus: les Pocoroh et les Pocorah. Chacune vivait sur une montagne. Les deux tribus ne s'appréciaient pas et se faisaient régulièrement la guerre. La première accusait l'autre de voler l'eau de la rivière. La seconde accusait la première de voler l'herbe des prairies. Dès qu'il survenait une catastrophe, la première tribu accusait la seconde et la seconde accusait la première. C'était un cercle infernal qui les conduisait à s'invectiver, s'insulter et à se battre.
> Un jour, un sage qui passait par là tomba sur une bagarre qui fit de nombreux blessés. Comme il était bon, il se

mit en tête de réconcilier les deux tribus. Il se rendit donc chez les Pocoroh et proposa à leur chef de faire un voyage. Celui-ci était très réticent, mais le sage finit par le convaincre. Ils descendirent la montagne, puis gravirent l'autre montagne. En remontant par le chemin, le chef des Pocoroh découvrit que les Pocorah étaient capables de faire pousser du maïs et du blé.
C'est pour cette raison qu'ils puisaient l'eau de la rivière. Ils passèrent quelques jours sur la montagne pour l'explorer et rencontrer ses habitants. Puis ils repartirent. Le sage demanda alors au chef des Pocorah de faire un voyage. Il réussit à le convaincre, lui banda les yeux et le fit monter sur l'autre montagne. En montant le chemin, le chef des Pocorah découvrit que les Pocoroh élevaient des vaches et des moutons. Ainsi les Pocoroh pouvaient manger de la viande en abondance. Le foin servait à les nourrir toute l'année, même l'hiver. C'est pour cette raison qu'ils prenaient l'herbe des prairies.
À la suite de ce voyage, les deux tribus décidèrent d'échanger leur savoir en matière d'agriculture et d'élevage. Les Pocorah apprirent à faire pousser du blé et du maïs, les Pocoroh à élever des vaches et des moutons. Le sage reprit sa route, sûr qu'il n'y aurait plus de conflit entre les deux tribus. Il leur avait appris à voir ce qu'ils pouvaient s'apporter. Au lieu de faire la guerre, ils pouvaient collaborer. Les Hommes sont formidables quand ils travaillent ensemble ! se dit-il en cheminant au milieu de la nature.

Un conflit consomme beaucoup de temps et d'énergie. Un conflit est destructeur. Il convient donc de parvenir rapidement à un compromis. Ce compromis ne peut se construire que grâce à une méthode d'écoute des besoins de l'autre. Si je suis à l'écoute des besoins de l'autre, alors je peux essayer de trouver une solution qui permettra, malgré le désaccord, de trouver une réponse aux besoins de chacun. Il convient donc d'identifier les besoins de chacun. C'est ce qui s'appelle monter sur la montagne de l'autre.

« Pour juger votre voisin, attendez d'avoir marché pendant deux lunes dans ses mocassins. »

Proverbe amérindien

Par une belle matinée ensoleillée, le Bouddha était en train de méditer en présence de ses disciples lorsqu'une femme s'approcha.
— Est-ce que Dieu existe ? demanda-t-elle.
— Bien sûr qu'il existe, répondit le Bouddha.
Après le déjeuner, une autre femme s'approcha.
— Est-ce que Dieu existe ? demanda-t-elle.
— Bien sûr que non, il n'existe pas, répondit le Bouddha.
À la fin de l'après-midi, une troisième femme se présenta pour interroger le Bouddha.
— Est-ce que Dieu existe ? demanda-t-elle.

— Il n'y a pas une seule réponse à cette question. Il te revient de choisir toi-même la réponse qui te convient, répondit le Bouddha.
Dès que la femme se fut retirée, l'un des disciples du Bouddha – c'était quelqu'un qui se mettait souvent en colère – s'exclama, révolté :
— Maître, je ne comprends pas, c'est absurde ! Pourquoi donnez-vous des réponses différentes à la même question ?
Le Bouddha sourit et lui jeta un regard plein de compassion qui apaisa immédiatement le jeune homme. Puis il dit :
— Parce que ce sont des personnes différentes, chacune parviendra à la connaissance de Dieu par sa propre voie. La première femme me croira sur parole. La deuxième fera tout pour prouver que j'ai tort. La troisième ne croira qu'à ce qu'elle aura décidé elle-même. Ainsi sont les hommes et les femmes, tous différents.

Parfois, le conflit ne parvient pas à être dépassé, car aucun compromis ne peut être trouvé. Tu peux alors demander l'intervention d'un médiateur qui va t'aider à trouver avec ton contradicteur un compromis. Le médiateur peut imaginer une solution qui n'a pas encore été imaginée. N'ayant aucun intérêt partisan, il est légitime pour proposer une solution équilibrée. C'est une aide supplémentaire pour résoudre un conflit. N'hésite jamais à faire appel à un tiers de confiance pour t'aider à trouver une solution.

« On se moque des enfants qui justifient leurs mauvais coups par ce gémissement : "C'est lui qui a commencé !" Or aucun conflit adulte ne trouve sa genèse ailleurs. »

Amélie Nothomb

Les conflits ne naissent jamais d'une situation, mais toujours d'une différence de point de vue sur une situation. Un conflit révèle souvent des différences profondes de valeurs. Si tu réagis aussi fortement, c'est parce que l'autre « choque », par ses comportements, « tes valeurs ». Il t'atteint, parfois sans le vouloir, le plus profond de ton cœur. Voilà pourquoi un acte anodin peut provoquer une réaction aussi forte. Ce n'est pas l'acte qui crée la réaction, mais ce que l'acte touche au fond de l'être.

Si tu es en conflit avec une personne, interroge-toi sur les valeurs qui guident ta vie. Tu découvriras sans doute que le comportement de cette personne va à l'encontre de tes valeurs. Tu pourras alors la remercier de t'avoir aidé à mieux te connaître. Tu pourras ensuite décider de te confronter à elle, de l'éviter ou de l'accepter telle qu'elle est. Tu pourras aussi interroger tes valeurs et savoir si elles te sont utiles. Respecter ses valeurs, c'est se respecter soi-même. Mais tes valeurs ne doivent jamais te conduire à la violence.

Il était une fois un jeune garçon qui était fort chanceux puisqu'il avait, dès sa naissance, bénéficié de tous les avantages. Et pour cause, il était né dans une famille riche et puissante. De plus, il était né avec un QI très au-dessus de la moyenne. Il était également très beau. Pour couronner le tout, il était doté d'une force physique herculéenne.
Ses parents étaient fiers de leur fils. Ils avaient pour lui de grandes ambitions. Ils le voyaient comme le prolongement de leur vie et étaient prêts à tout pour le voir parvenir aux plus hautes fonctions.
Ils l'inscrivirent dans la meilleure école où enseignaient les meilleurs professeurs. Et comme cela ne suffisait pas, ils employèrent de surcroît des professeurs pour des leçons particulières. Lorsque leur fils eut quinze ans, il excellait dans toutes les matières sans distinction : littérature, histoire, sciences et mathématiques.
En dehors de l'école et du temps qu'il passait à étudier, il pratiquait plusieurs sports. Comme il possédait une force physique extraordinaire, il ne tarda pas à exceller dans chacun d'eux, remportant toutes les compétitions auxquelles il participait.
Il apprit également les arts : la peinture, la sculpture, l'écriture, dans lesquels il excella tout autant. Car il était capable d'une grande précision, tout en sachant se montrer, quand cela était nécessaire, extrêmement inventif.
Pour que sa beauté fût encore plus grande, ses parents achetèrent les plus beaux tissus et demandèrent qu'on lui crée des vêtements magnifiques. Ainsi vêtu, le garçon, déjà premier de la classe et premier dans toutes les disciplines sportives, devint aussi le plus beau garçon de l'univers.

Lorsqu'ils eurent accompli tout cela, les parents du jeune garçon imaginèrent pour lui le plus grand des avenirs: il devait devenir président, ou dirigeant d'une multinationale, ou athlète de haut niveau, ou artiste reconnu, voire les quatre à la fois.

Afin de concrétiser cette vision, ils se rendirent chez un oracle capable de prédire l'avenir des jeunes gens. Il lui suffisait de les observer, puis il fermait les yeux et recevait des visions qui lui indiquaient clairement quel serait l'avenir de la personne. L'oracle ne s'était jamais trompé dans ses prophéties.

Il regarda attentivement le jeune garçon et fut aussitôt frappé par sa beauté et le charisme qui émanait de sa personne. Puis il referma les yeux un long moment. Son visage se crispa légèrement et quand il rouvrit les yeux, dit: « Ce garçon a tous les atouts pour réussir, mais il ne réussira pas. »

Ses parents rentrèrent chez eux fort contrariés et se mirent en tête de contredire l'oracle. Et ils redoublèrent leurs efforts. Grâce à tous les cours et tous les entraînements, leur fils devint encore plus beau, encore plus intelligent et encore plus fort qu'il n'était déjà.

Pourtant, la prédiction de l'oracle se vérifia. Leur fils avait toutes les qualités mais il était détesté.

Ses camarades, vexés de le voir être toujours le meilleur dans tout, passaient leur temps à fomenter contre lui des mauvais coups. Ils le harcelaient au point de le rendre malheureux.

Ses professeurs le jugeaient imbu de lui-même et se montraient à son encontre avares de leur savoir. Ils ne voulaient pas lui apprendre.

Dans les activités sportives, personne ne voulait le prendre dans son équipe. Et dans les sports individuels, personne ne voulait de lui comme adversaire.
Dans les activités artistiques, les critiques jugeaient son travail comme étant trop en avance et ne le mettaient plus en valeur.
Le jeune garçon avait reçu de la nature et de son éducation toutes les qualités, sauf une. Il n'avait jamais appris à s'intéresser aux autres et à les mettre en valeur. Or, n'est-ce pas là le besoin fondamental de tout être humain? En sa présence, les gens ne se sentaient pas bien. Ils se sentaient inférieurs et n'avaient jamais aucun espace pour briller ou se mettre en avant. Ou ils se sentaient humiliés et fuyaient ces situations.
Le jeune garçon, si beau, si intelligent et si fort, se trouva bientôt seul. Aucune réussite n'est possible si l'on n'est seul. Il termina sa vie en ermite, vivant dans un lieu reculé du monde, et mourut sans jamais rien avoir accompli de grand.

Le conflit est une mise à l'épreuve. Il est une occasion d'apprendre et de développer son être intérieur. Chaque conflit est pour toi l'occasion de progresser dans la gestion de tes états intérieurs. Considère chaque conflit comme un défi à relever et chaque défi à relever comme un jeu. Il te faut trouver la clef qui te permettra d'ouvrir le cœur de ton contradicteur. Si tu trouves la clef, alors son cœur s'ouvrira et il deviendra ton meilleur ami. C'est un défi considérable qui t'est lancé.

« Les difficultés doivent pousser à l'action et non décourager. L'esprit de l'homme se renforcera par le conflit. »

William Ellery Channing

Il y a deux façons de résoudre un conflit :

- soit tu triomphes par la force, et dans ce cas tu te feras un ennemi à jamais. Celui que tu auras combattu et vaincu n'aura de cesse de vouloir se venger ;

- soit tu triomphes par l'amour, et ta capacité à croire en l'autre te permettra de résoudre le problème. Cesse d'être un guerrier et enfile la tenue du sage en acceptant de pardonner et d'aimer ton adversaire. En l'aimant, tu l'amèneras à découvrir une nouvelle part de toi-même.

« Partout où il y a conflit, partout où vous êtes en face d'un opposant, triomphez de lui par l'amour. »

Gandhi

Connais-tu les quatre accords toltèques* ? Ils peuvent t'aider à prévenir les conflits.

• **Que ta parole soit impeccable.** Parle toujours avec intégrité. Ne dis que ce que tu penses vraiment. N'aie pas de pensées ou de paroles contre toi-même. N'utilise jamais la parole pour médire ou critiquer autrui. La parole doit être utilisée dans le sens de la vérité et de l'amour. La parole est un outil qui peut construire ou détruire. Prends conscience de sa puissance et maîtrise-la. N'use jamais du mensonge ou de la calomnie. Sois vrai et construis grâce à cela des relations plus authentiques et plus harmonieuses.

• **Quoi qu'il arrive, n'en fais pas une affaire personnelle.** Tu n'es jamais la cause des actes d'autrui. Ce que les autres disent et font n'est que le résultat de leurs désirs, de leurs besoins, de leurs émotions et de leurs fantasmes. Le jour où tu prends conscience que tu n'es en rien la cause ou l'origine des actions des autres, tu es libéré. Le père n'est pas responsable de l'acte du fils, la fille n'est pas responsable de l'acte de la mère, le chef n'est pas responsable des agissements du subordonné, etc. En prenant conscience de cette réalité, tu rends à l'autre sa liberté et sa responsabilité.

• **Ne fais pas de suppositions.** Lorsque tu es stressé ou angoissé, tu imagines le pire. Rien n'est plus regrettable que d'agir ainsi. Car en élaborant sans cesse des hypothèses négatives, tu finis par y croire. Tu transformes des

* Miguel Ruiz, *Les quatre accords toltèques* (1997).

hypothèses en certitudes. Lorsque tu imagines quelque chose, ose poser des questions et exprimer tes besoins afin de vérifier si ce que tu penses est vrai. Communique clairement avec autrui, et évite ainsi la tristesse et l'angoisse qui naissent des malentendus et de pensées, d'actes ou d'intentions qui n'existent pas, mais sont juste imaginés.

• **Fais toujours de ton mieux.** Tu n'es pas obligé de réussir dans tout ce que tu entreprends. Ta seule obligation est de faire toujours de ton mieux. Et ton « mieux » change en fonction des contextes.

Quelles que soient les circonstances, fais de ton mieux. Ne te juge pas, ne culpabilise pas, n'aie jamais de regrets, car le passé ne peut être changé qu'en agissant et en construisant ton futur. Tente, essaie, échoue. Le jour où tu échoueras, aie de l'indulgence envers toi-même. Tu ne peux pas être toujours parfait ni toujours victorieux.

Good Bye

Tu arrives à la fin. Le moment est venu de nous dire au revoir. Je te remercie d'avoir pris le temps de m'écouter. Je te remercie profondément de m'avoir consacré ton temps si précieux.

Que puis-je ajouter encore ?

La vie est un défi. Il y a des conflits, des problèmes, des difficultés, des séparations, des coups du sort, des réussites et des échecs...

Tout cela demande une grande sagesse pour conserver son bien-être intérieur.

Je pense que quatre principes peuvent t'aider à rendre le monde plus confortable et ces événements plus faciles à vivre.

Le premier principe est l'amour. Il te faut éprouver de l'amour, mais d'abord pour toi-même. L'amour est différent du sentiment amoureux ou de la passion amoureuse. L'amour est ce que l'on ressent lorsque l'on veut, profondément et de manière inconditionnelle, qu'un être puisse grandir et vivre dans le bien-être. Aimer, c'est désirer voir une personne vibrer à sa manière. Si tu éprouves de l'amour pour toi et pour ceux qui t'entourent, alors tu te sentiras merveilleusement bien et en harmonie.

Est-ce que l'on peut aimer et incarner l'image d'un mâle viril ? Bien sûr que oui, il est temps pour toi sans doute d'être juste un être humain et de ne plus te conformer à une image que la société cherche à t'imposer.

Le deuxième principe est la gratitude. Agir, c'est donner. Mais il faut aussi apprendre à recevoir. Comme lorsque tu respires. Lorsque tu inspires, tu reçois de l'oxygène de la nature, et cela te permet de vivre. Et lorsque tu expires, tu donnes du carbone qui sera utilisé par les plantes pour respirer. Apprends à donner et à recevoir comme tu respires. Agis pour les autres et accepte les cadeaux de la vie. Tu verras que tout deviendra plus fluide, plus doux et plus facile pour toi comme pour tes proches.

Le troisième principe est de faire confiance à la vie. Il est bien d'avoir confiance en soi, en ses capacités physiques et intellectuelles, pour surmonter les obstacles et relever les défis de l'existence. Mais il est encore plus utile d'avoir confiance dans l'existence. Imagine que tu nages en pleine mer. Tu peux avoir confiance dans tes mains et dans tes pieds pour te maintenir à la surface. Mais tu peux aussi avoir confiance dans la mer et dans sa capacité à te porter. Un jour où tu seras en train de nager dans la mer, cesse de bouger. Allonge-toi de tout ton long. Laisse ta tête reposer en arrière sur l'eau et abandonne-toi. Tu verras que ton corps flotte. La mer le porte aussi bien que la vie te porte. Si tu fais confiance à la vie, alors tu pourras lâcher prise. Tu pourras laisser la chance te sourire et les forces positives qui sont à l'œuvre s'activer. Tu verras maints problèmes se résoudre d'eux-mêmes, tu pourras enfin souffler et te laisser aller à une joie pleine et entière.

« L'oiseau ne vole pas. C'est l'air qui le porte.
Le poisson ne flotte pas. C'est l'eau qui le porte. »

Proverbe chinois

Le quatrième principe, c'est la puissance de la joie. Le monde dans lequel tu vis est un tableau. Tu es le peintre de ce tableau. C'est toi qui décides chaque jour de ce que tu veux y représenter. Tes actions et tes pensées sont tes pinceaux. Et la couleur, ce sont tes émotions. Tu peux choisir de peindre chaque jour un tableau tout gris avec des formes effrayantes emplies de tristesse. Mais tu peux aussi choisir de peindre chaque jour un tableau plein de couleurs chatoyantes. C'est cela la puissance de la joie. N'oublie jamais que ce n'est pas le monde extérieur qui détermine ton monde intérieur. Tu as en toi la puissance de transformer ton monde intérieur et de transformer ton monde extérieur. Ainsi, la joie a le pouvoir de changer les épreuves en opportunités, les obstacles en occasions de grandir, les chagrins en espoirs… La joie était en toi quand tu étais enfant. Il te suffit, pour la retrouver, de te souvenir. Laisse la joie emplir tout ton être et tu verras le monde et les gens changer sous tes yeux comme par miracle.
Je te souhaite d'y parvenir, car je te souhaite le meilleur.
Au revoir et à bientôt…

Ce livre t'a plu ? Il t'a été utile ? Alors pense très fort à une personne que tu aimes : un ami, un membre de ta famille, un collègue, la personne dont tu es amoureux. Pense à une personne que tu aimes et que tu as vue récemment dans la difficulté. Offre-lui un exemplaire de ce livre. Ce sera une preuve d'amour, d'intérêt, de sensibilité. Et qui sait ? Peut-être que ce livre lui plaira et qu'il lui sera utile. Alors elle aura elle aussi envie de l'offrir.

Et ainsi ce livre passera de main en main, comme un message d'affection et de bienveillance.

Et ainsi, ensemble, nous rendrons le monde meilleur !

Le son du silence

« Bonsoir ténèbres, mon vieil ami,
Je suis venu discuter encore une fois avec toi
Car une vision s'insinuant doucement en moi,
A semé ses graines durant mon sommeil
Et la vision qui fut plantée dans mon cerveau
demeure encore
À l'intérieur, le son du silence.
Dans mes rêves agités j'arpentais seul
Des rues étroites et pavées
Sous le halo d'un réverbère
Je tournais mon col
à cause du froid et de l'humidité
Lorsque mes yeux furent éblouis
par l'éclat de la lumière d'un néon
Qui déchira la nuit et atteignit le son du silence
Et dans cette lumière pure je vis
Dix mille personnes, peut-être plus
Des personnes qui discutaient sans parler

Des personnes qui entendaient sans écouter
Des personnes qui écrivaient des chansons
qu'aucune voix n'a jamais empruntées
Et personne n'osa déranger le son du silence.
Idiots, dis-je, vous ignorez

Que le silence, tel un cancer, évolue
Entendez mes paroles que je puisse vous apprendre
Prenez mes bras que je puisse vous atteindre
Mais mes paroles tombèrent telles des gouttes
de pluie silencieuses
Et résonnèrent dans les puits du silence
Et ces personnes s'inclinaient et priaient
Autour du dieu de néon qu'ils avaient créé
Et le panneau étincela ses avertissements
À travers les mots qu'il avait formés
Et le signe dit : les mots des prophètes
Sont écrits sur les murs des souterrains
Et des halls d'immeubles
Et murmurés à travers les sons du silence. »

Simon et Garfunkel

Une dernière histoire avant de nous quitter

Il était une fois une tribu qui vivait quelque part en Afrique. Dans cette tribu, le jour de la naissance d'un enfant n'était pas le jour où il était né, pas plus que le jour où il avait été conçu, mais le jour où sa mère avait imaginé dans ses rêves sa venue. Dans cette tribu, lorsqu'une femme décidait d'avoir un enfant, elle s'asseyait au pied d'un arbre, et elle écoutait, jusqu'à ce qu'elle puisse entendre la chanson de l'enfant qui voulait naître. Lorsqu'elle avait entendu la chanson de cet enfant, elle revenait au village voir l'homme qui serait son père. Elle lui enseignait alors la chanson de l'enfant. Et lorsqu'ils faisaient l'amour, tous deux chantaient la chanson de l'enfant, comme une invitation.

Lorsque la mère était enceinte, elle enseignait la chanson de cet enfant aux sages-femmes et aux autres femmes âgées du village. Lorsque l'enfant naîtrait, la sage-femme et les femmes âgées du village chanteraient à l'enfant sa chanson pour lui souhaiter la bienvenue.

Quand l'enfant grandissait, les autres villageois apprenaient sa chanson. Si l'enfant tombait ou se faisait mal, la personne qui le voyait dans le chagrin pouvait lui chanter sa chanson et ainsi le consoler. Si l'enfant réalisait un prodige, ou passait à travers les rites de la puberté,

alors les membres de la tribu chantaient sa chanson. Et l'enfant se sentait alors honoré et fier, car il était reconnu par tous les membres de la tribu.
Dans la tribu, il existait un autre moment important durant lequel les habitants du village chantaient la chanson. Au cours de sa vie, si la personne commettait un délit ou un acte répréhensible, elle était appelée au centre du village. Tous les habitants formaient alors un cercle autour d'elle. Puis ils chantaient sa chanson. La tribu avait conscience qu'on ne corrige pas un mauvais comportement par la punition, mais par l'amour et le rappel de l'identité. Lorsqu'une personne reconnaît sa chanson, elle n'a plus besoin de faire le mal. Car elle sait qui elle est et d'où elle vient. Et c'est ainsi que les membres de la communauté qui transgressaient les règles étaient invités à reprendre le droit chemin.
Toute sa vie, la personne pouvait se reconnaître et être reconnue à travers sa chanson... Quand elle se mariait, quand venait la date de son anniversaire, quand elle réalisait quelque chose de bien pour les autres, etc. Et quand venait le jour de sa mort, tous les villageois réunis autour de son lit pouvaient lui chanter sa chanson une dernière fois, pour l'accompagner dans l'au-delà. Et cette chanson rendait cette ultime épreuve plus douce. Plus tard, lorsque les vivants voulaient se souvenir de cette personne qu'ils avaient aimée, mais qui avait disparu, ils pouvaient chanter sa chanson et sentir ainsi sa présence. La chanson était un moyen de continuer à faire vivre la personne bien longtemps après sa mort.

Tu n'as pas grandi dans cette tribu d'Afrique qui chante la chanson de chacun lors des transitions cruciales de la vie. Pourtant, toi aussi tu as une chanson. Et la vie te le rappelle. Lorsque tu te sens en harmonie avec toi-même, que tu te sens bien, c'est que ta vie, tes actions, tes expériences, tes émotions sont en cohérence avec ta chanson. Et lorsque tu te sens mal, c'est que ta vie, tes actions, tes expériences, tes émotions ne sont plus en cohérence avec ta chanson. En réalité, tu peux toi aussi retrouver ta chanson et la chanter. Essaie de retrouver ta chanson, laisse-la venir comme un murmure avec les pensées qui l'accompagnent, car elle est ce que tu es au plus profond de toi-même.
Rappelle-toi ta chanson...

Remerciements

Je tiens à remercier toutes les personnes que j'ai croisées sur le chemin de la vie durant la période d'écriture de ce livre. Chacun de ces chapitres est destiné à l'une d'entre elles et il est donc naturel pour moi de leur dédier ce livre, car elles en sont en partie les auteures.

Je tiens à remercier les philosophes, penseurs et sages à qui j'emprunte les histoires, les remarques et les citations. Ce livre est pour moi, l'occasion de leur rendre un hommage appuyé.

Je tiens également à remercier tous les membres de ma communauté Facebook. Je salue ici leur générosité dans leurs propositions et leurs commentaires positifs.

Enfin, je souhaite remercier chaleureusement Élise Ducamp, éditrice qui m'a poussé à écrire ce livre, ainsi que : Anne-Sophie Thuard, libraire ; Véronique Germond, journaliste ; Marc-Olivier Goldmann, écrivain et correcteur ; Samira Qelaj, Béatrice Mathieu-Leloup et Marie Donzé, lectrices passionnées. Toutes et tous sont membres du comité éditorial de ce livre. Lorsque je regarde le travail accompli, je prends conscience qu'il est avant tout l'œuvre d'une communauté et que mon rôle ne fut finalement que celui d'un humble messager.

Bibliographie

Patrick Butteau, *Manager, un véritable jeu avec la PNL*, Arnaud Franel Éditions, 2002.

Dino Buzati, *Le « K »*, Arnoldo Mondadori Editore, 1966.

Eric Butterworth, *Discover the Power Within You*, Paperback, 2000.

Émeric Lebreton, *L'hypnose : la clé du bonheur*, Éditions Inpress, 2017.

Patrick Leroux, *Pour le cœur et pour l'esprit*, Un monde différent, 2011.

Slawomir Mrozek, *La vie est difficile*, Albin Michel, 1991.

Marshall B. Rosenberg, *Les mots sont des fenêtres (ou bien ce sont des murs) : introduction à la Communication Non-Violente*, La Découverte, 2004.

Miguel Ruiz, *Les quatre accords toltèques : la voie de la liberté personnelle*, Éditions Jouvence, 2016 (première édition : 1997).

Du même auteur

Développement personnel

Un été avec MOI, Éditions Orient'Action, 2021.

Aussi serein qu'un arbre, Éditions Orient'Action, 2021.

Comment tombe-t-on amoureux ?, Éditions Orient'Action, 2020.

50 histoires inspirantes pour être heureux : nouvelle édition, Éditions Orient'Action, 2019 (co-écrit avec Marc-Olivier Goldmann).

La Psy'Action : la psychanalyse du XXIe siècle, Éditions Orient'Action, 2018.

LGO : la cure santé et minceur, Éditions Orient'Action, 2018.

J'arrête de fumer grâce à la psychologie positive, Éditions Orient'Action, 2018.

Ce que j'aimerais te dire, Éditions Orient'Action, 2018.

50 histoires inspirantes pour être heureux, Éditions Orient' Action, 2018 (co-écrit avec Marc-Olivier Goldmann).

L'hypnose : la clé du bonheur !, Éditions Inpress, 2017.

La méthode 10/10 : perdre 10 kg et vivre 10 ans de plus, Éditions Orient'Action, 2016.

Les 5 langages de l'amour, Éditions Orient'Action, 2016.

L'amour dure trois ans : explications, Kindle, 2013.

Romans

K. Quand le troisième âge s'éveillera, le monde tremblera, Kindle, 2013.

La répétition, Éditions Le Manuscrit, 2005.

Développement professionnel

S. Grès et E. Lebreton, *Méthode 16 : développer 16 soft skills et atteignez le bonheur et la réussite*, Éditions Orient'Action, 2021.

Tout le monde peut coacher, Éditions Orient'Action, 2019.

Le test du lapin, Éditions Orient'Action, 2019.

Robot révolution : les robots vont-ils détruire nos emplois et notre économie, Éditions Orient'Action, 2019.

10 attitudes gagnantes pour réussir dans la vie, Éditions Maxima, 2017.

Les rumeurs : petit guide pour comprendre et agir, Éditions Orient'Action, 2014.

Faire des affaires avec les Chinois, Éditions Eyrolles/ Éditions d'organisation, 2010.

hachette s'engage pour l'environnement en réduisant l'empreinte carbone de ses livres. Celle de cet exemplaire est de :
500 g éq. CO_2
Rendez-vous sur www.hachette-durable.fr

PAPIER À BASE DE FIBRES CERTIFIÉES

Achevé d'imprimer par La Tipografica Varese Srl en Septembre 2022
pour le compte des Éditions Marabout
(Hachette Livre)
58, rue Jean-Bleuzen, 92178 Vanves Cedex
Dépôt légal : octobre 2021
ISBN : 978-2-501-16181-7
6811454/ Ed 03